공간 박스로
가구 만들기

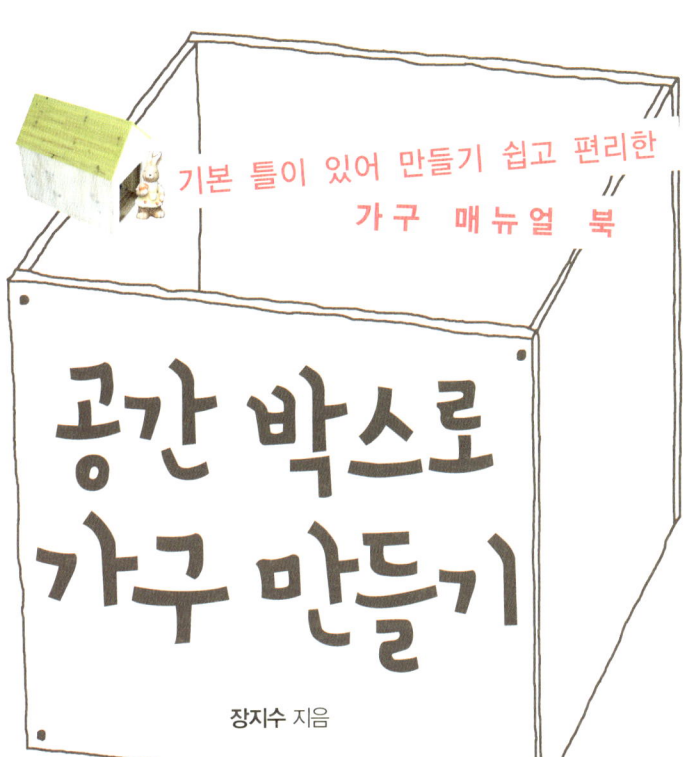

기본 틀이 있어 만들기 쉽고 편리한
가구 매뉴얼 북

공간 박스로 가구 만들기

장지수 지음

RHK
알에이치코리아

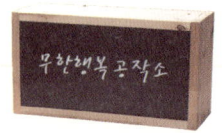

Prologue

책꽂이로만 사용하던 공간 박스가
요즘 유행하는 가구로 변신했어요

식지 않는 DIY 열풍 속에 이제는 가구를 직접 디자인하고 만드는 사람들이 점차 늘어나고 있습니다. 직접 만든 가구는 비용이 저렴할 뿐 아니라 나만의 공간에 꼭 필요하고 어울리는 디자인으로 만들 수 있다는 것이 장점이지요. 그런데 가구를 만들려고 할 때 한 가지 아쉬운 점은, 그 과정이 꽤 어렵고 전문적인 도구들을 필요로 해 쉽게 도전할 용기가 나질 않는다는 것이었어요. 대개 가구를 만들기 위해서는 공방이나 목공소를 찾아야 하는데, 이 또한 가까운 곳을 찾기 어려워 포기하는 사람이 많았습니다. 어떻게 하면 초보자도 혼자서 쉽게 가구를 만들 수 있을까 고민하다가 '공간 박스'라는 똑똑한 소재를 찾았습니다!

가만히 생각해보니 공간 박스는 여러 가지 가구의 기본 틀이 되는 형태더라고요.
공간 박스 자체에 나무판으로 뚜껑이나 문을 만들어 달거나 공간 박스 몇 개를 이어 붙이고 손잡이와 다리 등을 달아 쓸모 있는 가구로 변신시키니 기성품 못지않게 훌륭하고 튼튼한 가구가 완성됐어요. 이렇게 공간 박스라는 기존 틀을 이용하여 좀 더 쉽고 간편하게, 실용적인 가구 만드는 법을 소개하려는 것이 이 책의 목표이자 가장 큰 특징입니다.

책 속의 가구들은 모두 삼나무 판자 소재의 공간 박스 또는 MDF 판자 소재의 공간 박스를 사용했어요. 삼나무 소재는 친환경적인 가구를 만들 수 있고, MDF 소재로는 가볍고 저렴한 가구를 만들 수 있어 용도에 따라 알맞은 소재를 사용했습니다. 가구를 칠할 때도 친환경 페인트를 사용해, 아기가 있는 집에서도 안심하고 만들어 사용할 수 있어요.

모쪼록 가구 만들기를 처음 해보는 분들도 부담 없이 도전할 수 있는 책이 되었으면 하는 바람입니다. 현관, 거실, 침실, 주방, 서재, 아기 방 등 공간별로 어울리는 가구들을 소개했어요. 만드는 과정을 자세한 사진과 글로 설명해두었으니 책만 보고도 누구든지 따라 할 수 있답니다. 자, 이제 5,000~1만 원이면 구입할 수 있는 공간 박스만 준비하세요. 우리 집에 꼭 필요한 아이템을 직접 만들다보면 그 어떤 DIY보다 뿌듯하고 즐거운 작업이 되리라 확신합니다.

이 책을 만들면서 많은 분들의 도움을 받았습니다. 200조각이 넘는 나무를 손수 재단해서 용달차로 가득 보내주신 'THE DIY', 온갖 종류와 색상의 페인트와 스테인뿐 아니라 신상 물감까지 보내주신 '나무와사람들', 작은 경첩부터 접착제, 다리, 철물, 부자재 그리고 각종 손잡이 등을 보내주신 '손잡이닷컴' 모든 관계자 분께 진심으로 감사드립니다.

톱질을 할 때마다 옆에서 늘 도와주신 아빠, 뛰어난 인테리어 감각으로 조언을 아끼지 않으신 엄마, 책이 나올 때마다 든든한 지원군이 되어주는 동생, 큰 힘이 되는 친구·선배들, 모두 고맙습니다. 많은 분들의 응원에 힘입어 뿌듯한 결과물 〈공간 박스로 가구 만들기〉가 세상에 나오게 되었네요. 아껴주신 모든 분들이 언제나 행복하고 건강하고 기쁜 나날을 보내시길 기도하겠습니다.

2012년 3월. 장지수

prologue

책꽂이로만 사용하던 공간 박스가
요즘 유행하는 가구로 변신했어요 · 4

Intro

기본 도구 Basic Tools

뚝딱! 뚝딱! 자르고 박고~ 기본 목공 공구 · 10
좀 더 근사한 가구로! 이것저것 부자재 · 11
목재에 예쁘게 옷 입히기! 페인팅 아이템 · 12
다양한 재료를 쉽게 구입할 수 있는 온라인 숍 · 13

Space 01

현관 Front Door

환경보호가 즐거워지는 분리수거함 · 16
편안하게 외출 준비! 실용 만점 신발장 벤치 · 20
우산과 소품을 편리하게 보관하는 우산꽂이 · 24

Plus Item 자투리 나무로 만든 소품
우편물을 보관하는 편지꽂이 · 28
행복한 공간을 만드는 문패 · 29

Space 02

거실 Living Room

다용도로 활용하는 센스 만점 소파 · 32
소파와 세트로! 'ㄱ'자 모양 스툴 · 36
수납 기능을 갖춘 거실 테이블 · 40
활용도 높은 사이드 테이블 · 44
철망으로 포인트를 준 빈티지 장식장 · 48
TV를 올려두기에 좋은 거실장 · 52
그린 인테리어를 위한 가든 박스 · 56
매일매일 책 읽는 습관! 잡지꽂이 · 60
노란 지붕을 얹은 강아지 집 · 62

Plus Item 자투리 나무로 만든 소품
뚜껑 있는 휴지통 · 66
찾기 쉽고 정리도 깔끔하게! 리모컨꽂이 · 67
타일을 붙여 근사하게 만든 벽시계 · 68

Space 03

침실 Bedroom

어느 공간에나 어울리는 멋쟁이 가구, 캐비닛 · 72
간단 수납에 편리한 행어 · 76
원목 느낌을 살린 다용도 서랍장 · 80
침실 분위기를 살려주는 수납장 · 84
공간 박스로 만든 활용도 만점 싱글 침대 · 88
휴식과 수납을 동시에! 만능 베드 벤치 · 92
화장대 겸용, 실용적인 콘솔 · 96
앤티크 스타일의 매력적인 트렁크 · 100

Plus Item 자투리 나무로 만든 소품
자투리 나무로 뚝딱! 소품 액자 · 104
로맨틱한 분위기를 살리는 조명 · 105

Space 04

주방 Kitchen

좁은 공간을 널찍하게 활용하는 접이식 테이블 · 108
간편한 수납과 시원한 인테리어 효과의 선반장 · 112
즐거운 파티를 위한 와인장 · 116
효율적인 식재료 관리를 위한 채소 보관함 · 120

Plus Item 자투리 나무로 만든 소품
센스가 넘치는 철망 메모판 · 124
이동과 수납이 자유로운 트레이 · 125
각종 물건을 정리하기 쉬운 다용도걸이 · 126

Space 05

서재 Library

원하는 크기대로 만드는 책장 · 130
데스크톱에도, 노트북에도 딱 맞는 컴퓨터 책상 · 134
서재의 필수 아이템, 파일 박스 · 138

Plus Item 자투리 나무로 만든 소품
여기는 내 책상! 깜찍한 명함꽂이 · 141
책상 위를 깔끔하게 정리해주는 연필꽂이 · 142
메모 보드나 인테리어 소품으로 활용하는 칠판 · 143

Space 06

아기 방 Baby's Room

엄마가 직접 만드는 출산 준비물, 아기 침대 · 146
잡동사니를 수납하는 바구니 장 · 150
수레처럼 끌고 다니는 토이 박스 · 152

Plus Item 자투리 나무로 만든 소품
간단하게 만들어 설치하는 일자 선반 · 156
심심한 벽에 재미 주기! 스위치 커버 · 157

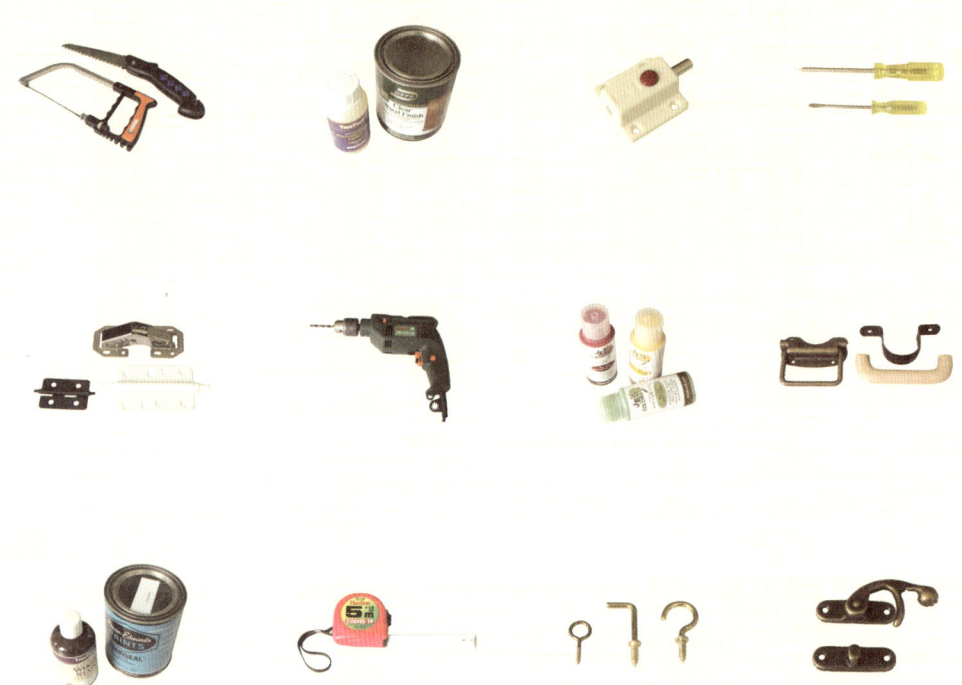

기본 도구
Basic Tools

모든 DIY가 그렇듯이 가구를 만드는 데 있어 가장 기본이 되는 것은 바로 '도구'랍니다. 목재를 자르고, 목재와 목재 또는 목재와 부자재를 연결하고, 예쁘게 색을 입히고…… 이 모든 과정을 정확하고 편리하게 도와주는 도구들을 소개합니다.

뚝딱! 뚝딱! 자르고 박고~ 기본 목공 공구

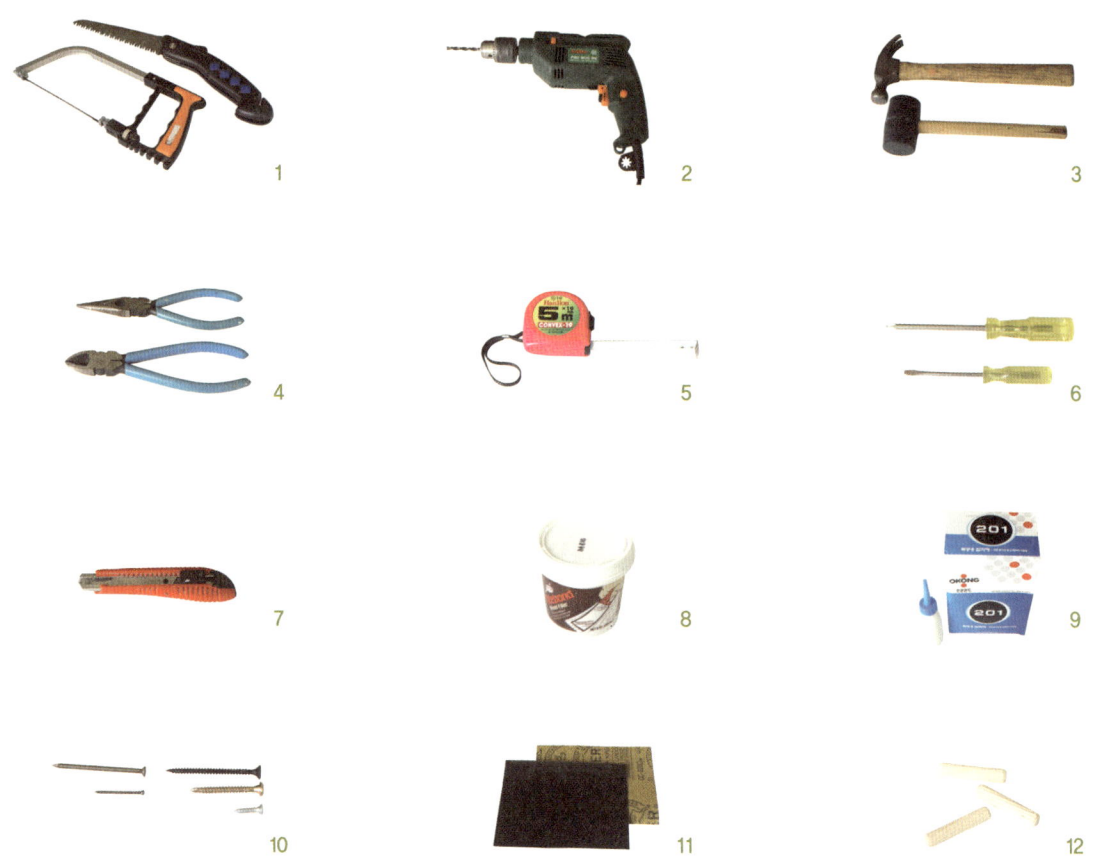

1. **톱** 목재를 재단할 때 기본적으로 사용하는 도구입니다. 특히 '줄톱'(요술톱)은 곡선을 자를 때 유용하지요. 2. **전동드릴** 드릴 끝에 드라이버 비트를 끼워 나사못을 박거나 드릴 날을 끼워 구멍을 뚫을 때 사용합니다. 3. **쇠망치&고무망치** 쇠망치는 못을 박거나 뺄 때, 고무망치는 목재 등을 구멍에 끼워 맞출 때 사용합니다. 4. **펜치&니퍼** 와이어나 전선을 구부리거나 자를 때 사용합니다. 5. **줄자** 재단할 목재, 못 박을 자리, 가구가 위치할 장소 등 모든 치수를 잴 때 사용합니다. 6. **드라이버** 나사못을 박거나 뺄 때 사용합니다. 끝 모양에 따라 십자와 일자 드라이버가 있어요. 7. **칼** 얇은 나무판을 재단하거나 홈을 팔 때 사용합니다. 8. **우드 필러** 목재 표면에 난 상처나 구멍을 메울 때 유용합니다. 9. **접착제** 목재를 붙일 때 사용합니다. 목재에 사용하는 접착제는 그 강도가 제법 세서 단단하게 잘 붙는답니다. 10. **나사못&못** 나무와 나무를 연결하거나 손잡이, 경첩과 같은 각종 액세서리를 부착할 때 사용합니다. 나사못은 사용할 부자재의 구멍에 맞는 사이즈로 준비하세요. 11. **사포** 목재의 거친 표면을 부드럽게 하고자 할 때 사용합니다. 80, 150, 220, 400 등이 있는데, 숫자가 낮을수록 거친 사포예요. 12. **목다보(나무못)** 목재와 목재를 연결할 때 일반 못 대신 사용합니다. 구멍에 꼭 맞게 끼워 넣으면 빠질 염려가 없지요.

좀 더 근사한 가구로! 이것저것 부자재

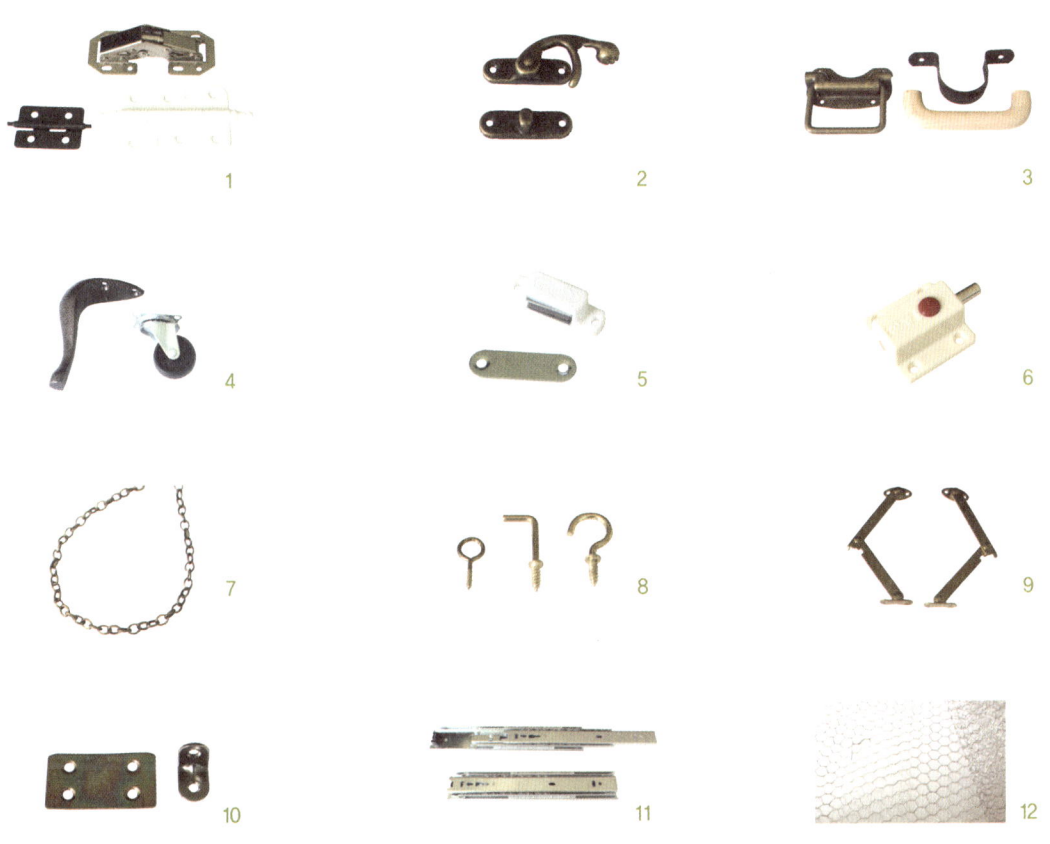

1. **경첩** 문을 열고 닫을 수 있도록 본체와 문을 연결할 때 사용합니다. 다양한 종류가 있으며, 나사못으로 고정해요. 2. **잠금장치** 문이나 상자 뚜껑을 잠글 때 사용합니다. 본체와 문에 붙여 사용하지요. 3. **손잡이** 문을 열 때 손으로 잡는 곳입니다. 볼트 간격별로 다양한 종류가 있어요. 4. **다리&바퀴** 가구 아래에 붙여 이동이 용이하도록 도와주는 부자재입니다. 특히 위치를 자주 바꾸는 소가구에 사용하면 편리해요. 5. **외자석 세트(외자석과 외자석 철판, 일명 '빠찌링')** 문을 잠그지 않고 일시적으로 고정할 때 사용합니다. 자석과 조그만 철판이 한 세트로 구성되어 있지요. 6. **문 개폐기(일명 '랏찌')** 주로 장롱 문 안쪽에 사용하는 것으로, 일종의 잠금장치입니다. 7. **체인** 작은 소품을 걸어두거나 위에서 아래로 당겨 여는 문을 고정할 때 사용합니다. 8. **걸이** 물건을 걸고자 할 때 사용합니다. 모양에 따라 여러 용도로 사용할 수 있지요. 9. **수데** 소가구 상단 문 등을 위로 당겨 열 때 필요한 장치예요. 접혔다 펴지는 모양으로, 본체와 문에 고정하여 사용합니다. 10. **평철&꺾쇠** 나무와 나무를 연결할 때 쓰는 것으로, 평철은 평면일 때, 꺾쇠는 직각일 때 사용합니다. 11. **서랍 레일 세트** 서랍 등을 열고 닫기 쉽도록 서랍 옆 본체에 고정하여 사용합니다. 컴퓨터 책상의 키보드 올려놓는 서랍에 흔히 사용하지요. 12. **철망** 인테리어용 그물 철망으로, 주로 가구 문짝이나 인테리어 공간 안쪽 면에 고정하여 사용합니다.

목재에 예쁘게 옷 입히기! 페인팅 아이템

1. 페인트 목재에 색을 입힐 때 사용합니다. 페인트를 칠할 때는 칠할 곳 표면을 평평하고 매끄럽게 만든 후 얇게 여러 번 칠하는 것이 좋아요. **2. 스테인** 목재의 질감을 살리면서 색을 입히고자 할 때 사용합니다. 스펀지나 붓에 묻혀 나뭇결대로 바르면 돼요. **3. 젯소** 페인트를 너무 빨리 흡수해버리거나 페인트가 잘 발리지 않는 부분에 페인트칠해야 할 때 유용해요. 페인트를 바르기 전에 사용하며, 페인트칠 효과가 매우 좋아집니다. **4. 바니시** 목재의 변형이나 변색을 막고자 할 때 사용합니다. 무광과 반광, 유광 타입이 있으며, 페인트칠 단계 중 컬러를 입힌 후 제일 마지막에 발라줍니다. **5. 아크릴 물감** 작은 소품에 페인트칠을 하거나 공예 작업을 할 때 사용합니다. 원하는 색상으로 조색이 쉽고 다양한 소재에 칠할 수 있다는 장점이 있어요. **6. 붓 & 스펀지** 페인트칠할 때 사용합니다. 붓은 사용하고 나서 바로 씻어 보관해야 합니다. 스펀지는 워싱 기법을 표현하기에 적당합니다.

다양한 재료를 쉽게 구입할 수 있는 온라인 숍

1

2

3

1. **손잡이닷컴** (http://www.sonjabee.com) 기본이 되는 철물부터 부자재, 손잡이와 같은 액세서리까지, DIY 관련 재료는 모두 있어요. 다양한 반제품도 만날 수 있는 만능 온라인 숍이랍니다.

2. **THE DIY** (http://www.thediy.co.kr) 실용적인 반제품으로 유명하며 원하는 크기의 목재를 주문하여 구입할 수 있어요. DIY에 관한 한 전반적인 물품들을 다양하게 판매합니다.

3. **나무와 사람들** (http://www.jeswood.com) 친환경 페인트의 대명사인 '던 에드워드' 페인트의 한국 공식 수입원입니다. 색색의 컬러와 다양한 종류의 페인트 천국이에요.

※망치, 니퍼, 드라이버 등의 기본 공구와 붓은 작품별 재료 소개란에 별도 표기하지 않았습니다.

집에 들어서서 처음으로 사람을 반기는 공간이 현관이지요. 내 손으로 만든 가구로 집을 꾸미고 싶다면 현관에 놓을 자그마한 가구와 소품으로 시작해보세요. 만들기에 전혀 어렵지 않으면서 설치했을 때 효과는 만점인 문패 패널, 우산꽂이, 신발장 벤치 등을 추천합니다.

현관
Front Door

환경보호가 즐거워지는 분리수거함

난도 ★★☆☆☆

환경보호를 위해서 분리수거는 매일 신경 써야 하는 일 중 하나예요. 공간 박스에 뚜껑을 달고 스텐실 기법으로 문자를 새기면 근사한 분리수거함이 완성됩니다. 예쁜 분리수거함이 있다면 번거로운 분리수거도 즐겁게 할 수 있을 거예요. 아이들에게 자연스럽게 분리수거를 가르칠 수도 있고요.

 재료 공간 박스 3개, 삼나무 판자, 페인트, 붓, 젯소, 프린터기, OHP 필름, 칼, 도마, 마스킹 테이프, 접착제, 붓, 메탈브라켓, 박스의 크기, 바니시

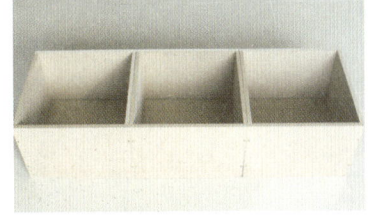

1 MDF 판자 소재의 공간 박스 3개를 준비한다.

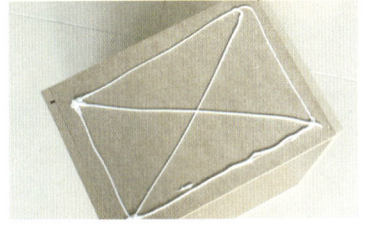

2 2개의 공간 박스 한 면에 접착제를 바른다.

3 공간 박스 3개를 이어 붙여 하나로 만든다.

4 이어 붙인 박스 표면에 젯소를 칠하고 3시간 이상 말린다.

5 젯소가 마르면 페인트를 얇게 칠하고 다시 말린다. 이 과정을 2~3회 반복한다.

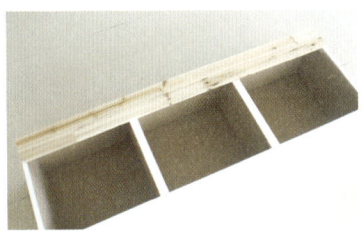

6 박스의 트인 곳이 위를 향하게 놓고 한쪽 끝에 103×8.4cm의 삼나무 판자(두께 1.2cm)를 붙인다.

7 OHP 필름에 문자를 프린트한다.

8 OHP 필름의 문자를 칼로 오려낸다.

9 뚜껑이 될 34.2×27cm의 삼나무 판자(두께 1.2cm)를 가로로 놓고 그 위에 문자를 오려낸 OHP 필름을 올린다. 아크릴 물감을 묻힌 붓으로 오려낸 부분을 톡톡 치면서 색을 채운다.

10 바니시를 칠하여 마감한다.

11 ⑨의 한쪽에 일반 경첩 2개를 대고 나사못으로 고정한다.

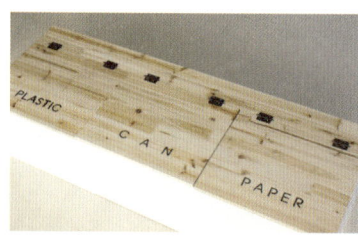  

12 ⑥에 ⑪을 올려놓고 경첩으로 연결한다.

13 뚜껑의 모서리와 본체의 끝에 고리를 박는다.

14 체인으로 뚜껑과 본체의 고리를 연결하여 완성한다.

> 스탠실을 할 때는 붓에 물기가 없는 상태에서 물감만 조금 묻혀 톡톡 두드리듯 해야 번지지 않습니다.

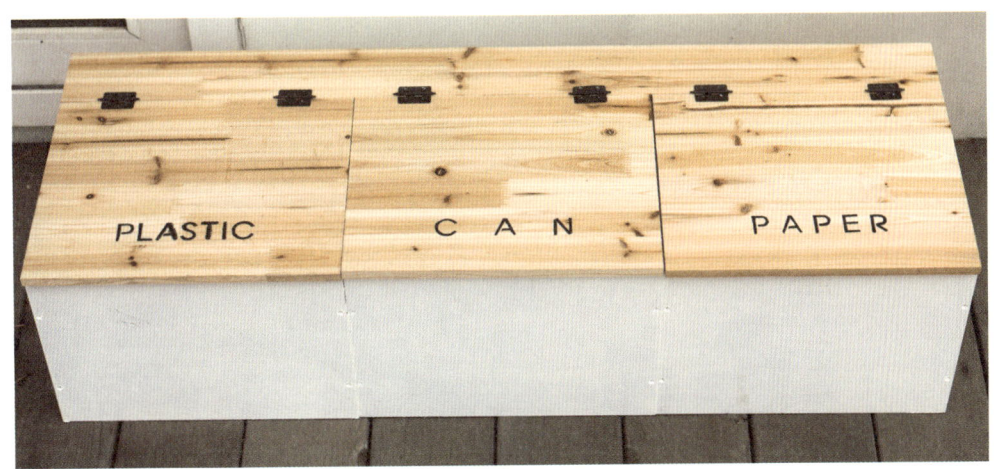

편안하게 외출 준비! 실용 만점 신발장 벤치

난도 ★★☆☆☆

현관에 벤치를 놓아보세요. 롱부츠나 끈을 묶어야 하는 신발을 앉아서 신기에도 편하고, 벤치 안쪽에 신발이나 각종 도구를 넣어서 보관할 수도 있어요. 인테리어용으로도 근사하고, 편안하면서도 실용적이어서 만족스러운 일석삼조 아이템이 되지요.

1 MDF 판자 소재의 공간 박스 3개를 준비한다.

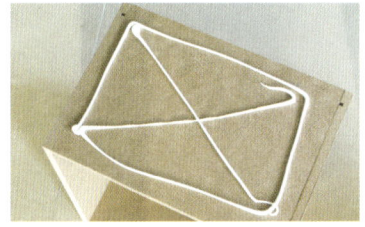

2 2개의 공간 박스 한 면에 접착제를 바른다.

3 공간 박스 3개를 이어 붙여 하나로 만든다.

4 나무 표면에 젯소를 칠하고 3시간 이상 말린다.

5 젯소가 마르면 페인트를 얇게 칠하고 다시 말린다. 이 과정을 2~3회 반복한다.

6 바니시를 칠하여 마감한다.

7 박스의 트인 부분에 103×34.2cm의 삼나무 판자(두께 1.2cm)를 대고 무보링 경첩으로 연결한다.

8 103×24cm의 MDF 판자(두께 1.2cm)에 103×24cm의 스펀지(두께 5cm)를 얹는다.

9 원단으로 ⑧의 스펀지를 감싼 뒤 MDF 판자 쪽에서 태커로 고정한다.

10 스펀지 뚜껑을 공간 박스 위에 접착제로 붙여 완성한다.

보관할 신발이 많을 경우 공간 박스 안에 별도의 칸막이를 설치하면 더욱 좋겠지요?

우산과 소품을 편리하게 보관하는 우산꽂이

난도 ★★☆☆☆

장우산이나 짧은 우산 등등 집 안을 뒤져보면 생각보다 많은 우산이 나오지요. 공간 박스를 이용해 보기에도 좋고 사용하기에도 편리한 우산꽂이를 만들어보세요. 우산의 높낮이를 고려해 두 가지 크기로 만들면 더욱 쓸모 있어요. 혹시 페인트가 묻어날 수도 있으니 사용한 우산은 잘 말려서 보관하세요.

 재료 MDF 판자 소재 공간 박스 3개, 글루(제소) 시트, 접착제, 붓, 페인트(흰색), 바니시

이렇게 만들어요

1 MDF 판자 소재의 공간 박스 3개를 준비한다.

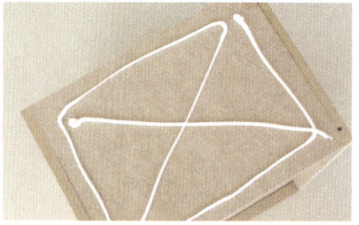
2 1개의 공간 박스 한 면에 접착제를 바른다.

3 ②에 다른 공간 박스를 붙여 하나로 만든다.

4 접착제를 바르지 않은 공간 박스 1개의 뒤판을 제거한다.

5 ④의 트인 쪽 가장자리에 접착제를 바른다.

6 ⑤를 ③의 한쪽 공간 박스 위에 붙인다.

7 박스 표면에 젯소를 칠하고 3시간 이상 말린다.

8 젯소가 마르면 페인트를 얇게 칠하고 다시 말린다. 이 과정을 2~3회 반복한다.

9 검은색 시트지 위에 도안을 그린다.

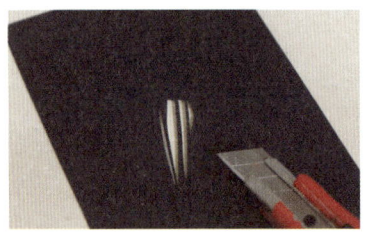
10 칼로 도안을 오려낸다.

11 ⑩을 공간 박스의 귀퉁이에 붙인다.

12 바니시를 칠하여 마감한다.

완전히 마른 우산을 보관하는 것이 좋겠지만 젖은 채로 우산꽂이에 꽂을 경우를 대비하여 안쪽에는 반드시 바니시를 칠해 방수 효과를 내도록 하세요.

Plus Item
자투리 나무로 만든 소품

우편물을 보관하는 편지꽂이

우편물이나 중요한 서류들을 보관할 수 있는 편지꽂이를 만들어보세요. 2단으로 만들면 종류에 따라 분류해놓을 수 있어, 필요할 때 이곳저곳 급하게 찾지 않아도 된답니다. 현관뿐 아니라 서재나 아이 방에 놓아도 괜찮은 아이템이에요.

 삼나무 판재(두께 1.2cm) 50×30cm 1장, 삼나무 판재(두께 1.2cm) 30×12cm 2장, 삼나무 판재(두께 1.2cm) 30×6cm 2장, 삼나무 판재(두께 1.2cm) 27.6×6cm 2장, 액자 고리 1개, 접착제, 나사못 1개, 톱 또는 줄톱(요술톱), 바니시

1 30×6cm의 삼나무 판자(두께 1.2cm) 2장에 대각선을 그린다.

2 대각선을 따라 톱으로 잘라낸다.

3 27.6×6cm의 삼나무 판자(두께 1.2cm) 옆에 잘라낸 판을 붙여 2세트를 만든다.

4 50×30cm의 삼나무 판자(두께 1.2cm) 위에 ③을 붙인다.

5 편지꽂이 틀 앞부분에 각각 30×12cm의 삼나무 판자(두께 1.2cm)를 붙인다.

6 바니시를 칠하여 마감한다.

7 뒷부분에 액자 고리를 대고 나사못으로 고정한다.

편지꽂이 완성!

삼나무 판자 1장을 대각선으로 재단하면 똑같은 모양의 삼각형 판자 2장이 나와요. 이렇게 해야 자투리 없이 만들 수 있어요.

행복한 공간을 만드는 문패

집 안에 들어서자마자 눈에 띄어, 슬며시 미소를 머금게 만드는 문패. 작은 나무판 하나만 있으면 누구나 쉽게 만들 수 있답니다. 좋아하는 문구를 새겨 넣으면 우리 집을 행복한 공간으로 만들어주는 작은 소품이 탄생하지요. 걸이 부분을 마 끈으로 만들면 내추럴한 분위기를 더할 수 있어요.

1 OHP 필름에 문자를 프린트한다.

2 OHP 필름의 문자를 칼로 오려낸다.

3 24×10cm의 삼나무 판자(두께 1.2cm)를 가로로 놓고 문자를 오려낸 OHP 필름을 올린다. 아크릴 물감을 묻힌 붓으로 오려낸 부분을 톡톡 치면서 색을 채운다.

4 전체적으로 바니시를 칠하여 마감한다.

5 문패 뒷부분에 마 끈을 대고 태커로 고정한다.

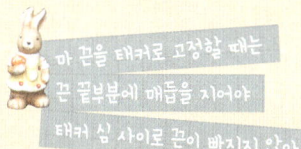

마 끈을 태커로 고정할 때는 끈 끝부분에 매듭을 지어야 태커 심 사이로 끈이 빠지지 않아요.

※ 망치, 니퍼, 드라이버 등의 기본 공구와 붓은 작품별 재료 소개란에 별도 표기하지 않았습니다.

거실은 집에서 가장 널찍한 공간이에요. 소파와 테이블, TV를 올려놓을 거실장 등 여러 가지 가구들이 필요하지요. 공간 박스로 이 큼직한 가구들을 만들 수 있다면 멋지겠죠? 공간 박스 몇 개를 붙여 기본 틀을 만들고 뚜껑을 달아 안쪽에 수납공간까지 생기는 똑똑하고 멋진 가구 만드는 법을 배워보세요.

Space 02

거실

Living Room

다용도로 활용하는 센스 만점 소파

난도 ★★★☆☆

책상 의자도 아니고 소파를 집에서 만든다니 감히 도전할 용기가 안 난다고요? '공간 박스'를 이용하면 3인까지 사용 가능한 소파를 혼자서도 쉽게 만들 수 있어요. 공간 박스와 널찍한 판자, 그리고 푹신하게 앉는 부분을 만들 스펀지만 있으면 된답니다. 특히 공간 박스의 본래 용도인 '수납'의 효과까지 더한 실용적인 아이템이 되지요. 넉넉한 사이즈로 제작하여 간이침대로도 활용해보세요.

이렇게 만들어요

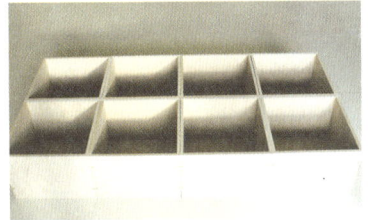
1 MDF 소재 공간 박스 8개를 준비한다.

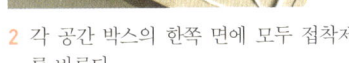
2 각 공간 박스의 한쪽 면에 모두 접착제를 바른다.

3 공간 박스 8개를 서로 붙여 하나의 틀을 만든다.

4 겉면이 될 각 공간 박스 표면에 젯소를 칠하고 3시간 이상 말린다.

5 젯소를 칠한 곳에 페인트를 얇게 칠하고 말리는 과정을 2~3회 반복한다.

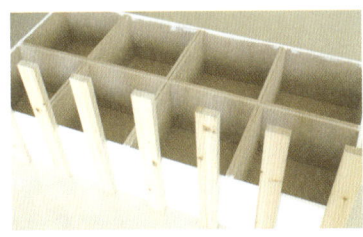
6 ⑤까지 완성된 공간 박스의 긴 쪽에 50×6cm의 삼나무 판자(두께 2.4cm) 8장을 같은 간격으로 붙인다.

7 ⑥ 위에 137.6×9cm의 삼나무 판자(두께 2.4cm)를 붙인다.

8 바니시를 칠하여 마감한다.

 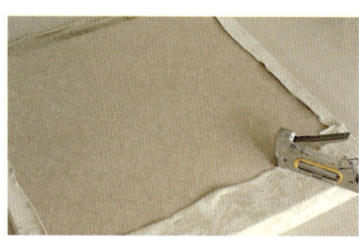 

9 68.6×68.6cm의 MDF 판자(두께 1.2cm) 위에 같은 크기의 스펀지를 올려놓는다. 준비한 MDF 판자 2개를 모두 같은 방법으로 만든다.

10 원단으로 스펀지 부분을 감싸고 나무판 안쪽에 태커로 고정시킨다.

11 네 군데의 모서리에 공간 박스 두께만큼을 남기고 5×5cm의 삼나무 판자(두께 2.4cm) 8장을 접착제로 붙인다.

12 완성된 2개의 스펀지 뚜껑을 공간 박스에 끼워 소파를 완성한다.

등받이용 판자를 더욱 튼튼하게 고정하려면 일반 못이나 목다보(나무못)로 한 번 더 박아주세요.

소파와 세트로! 'ㄱ'자 모양 스툴

난도 ★★☆☆☆

소파와 한 세트로 사용하면 좋을 'ㄱ'자 모양 스툴이에요. 소파 본체와 컬러를 통일해도 좋고 취향에 따라 포인트 컬러로 바꿔 만들어도 좋아요. 'ㄱ'자 형태라 다양한 용도로 활용할 수도 있지요. 본래는 소파 끝에 끼우듯이 이어 사용하려고 이 모양으로 만들었는데, 소파 옆으로 빼두면 여러 명이 앉을 수 있는 큰 사이즈 소파로 변신한답니다.

이렇게 만들어요

1 MDF 소재 공간 박스 3개를 준비한다.

2 공간 박스 2개의 한쪽 면에 접착제를 바른다.

3 공간 박스 3개를 서로 붙여 'ㄱ'자 모양 틀 하나로 만든다.

4 공간 박스 표면에 젯소를 칠하고 3시간 이상 말린다.

5 젯소를 칠한 곳에 페인트를 얇게 칠하고 말리는 것을 2~3회 반복한다.

6 페인트를 칠한 곳에 바니시를 칠하여 마감한다.

7 'ㄱ'자 모양으로 자른 MDF 판자 위에 같은 크기의 스펀지를 올려놓는다.

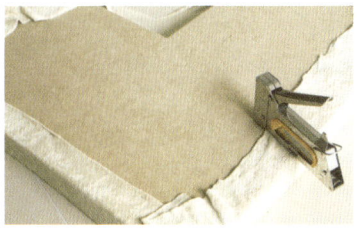
8 원단으로 스펀지 부분을 감싸고 나무판 안쪽에 태커로 고정한다.

9 다섯 군데의 모서리에 공간 박스 두께만큼을 남기고 5×5cm의 삼나무 판자(두께 2.4cm)를 접착제로 붙인다.

10 완성된 스펀지 뚜껑을 공간 박스에 끼워 얹어 완성한다.

'ㄱ'자 모양의 스펀지를 원단으로 감쌀 때 가장 안쪽 부분은 원단을 최대한 늘여 고정해야 완성 후 여분이 울지 않아요.

Living Room _ 39

수납 기능을 갖춘 거실 테이블

난도 ★★☆☆☆

소파와 어울리면서도 실용성을 갖춘 테이블을 찾기가 생각보다 힘들지요. 특히 테이블은 심플하면서 무난한 디자인이어서 어떤 가구와도 잘 어우러지는 것을 갖춰두면 편해요. 테이블도 공간 박스를 이용해 만들어보세요. 원하는 사이즈만큼의 공간 박스를 준비해 서로 붙인 다음 상판을 얹으면 끝! 수대를 달아 열고 닫기 편하게 만들면 더 좋아요. 안쪽에 엄청난 수납공간이 마련됩니다.

 대나무 원목 수납 박스(가로 34cm, 높이 28cm 가로세로, 높이 70cm) 4개, 대나무 판자(두께 2.4cm)가로세로 길이 조절, 못, 드릴, 경첩, 수대, 바니시, 접착제.

이렇게 만들어요

1 삼나무 소재 공간 박스 4개를 준비한다.

2 3개의 공간 박스 한쪽 면에 접착제를 바른다.

3 공간 박스를 2개씩 서로 붙여 하나로 만든다.

4 ③의 공간 박스 2세트를 서로 붙여 하나의 틀을 만든다.

5 완성된 본체 아래쪽 각 모서리에 5×5cm의 삼나무 판자(두께 2.4cm)를 붙여 다리를 만든다.

6 바니시를 칠하여 마감한다.

7 본체의 위쪽(공간 박스의 텅 빈 공간이 드러난 쪽)에 뚜껑이자 테이블 상판으로 사용할 74.6×70cm 삼나무 판자를 경첩으로 연결한다.

8 뚜껑이 천천히 닫히도록 하기 위해 본체와 뚜껑 사이에 수대를 연결하여 완성한다.

수레의 한쪽을
몸체에 먼저 고정하고
나머지 한쪽은 뚜껑을
여닫아보면서 조절하여
고정합니다.

활용도 높은 사이드 테이블

난도 ★☆☆☆☆

침대 생활을 하다 보면 사이드 테이블이 꼭 필요하지요. 공간 박스로 만든 아담한 사이드 테이블은 스탠드를 올려놓거나 읽던 책을 두기에 딱 좋아요. 공간 박스에 문을 달면 수납공간이 추가되니 더욱 쓸모 있고요. 여기에 늘씬한 학다리를 붙여 빈티지한 느낌까지 살려주세요.

 삼나무 판자 소재의 공간 박스, 붙이시, 붓, 학다리, 외자석(또는 자석식 걸쇠) 1개, 경첩 2개, 손잡이 1개, 바니시, 나사 경첩 달려 있는 도시락용 철판 1개, 나사못

이렇게 만들어요

1 삼나무 판자 소재의 공간 박스 1개를 준비한다.

2 바니시를 칠하여 마감한다.

3 문짝으로 쓸 27.2×29.6cm의 삼나무 판자(두께 1.2cm)에 손잡이를 대고 나사못으로 고정한다.

4 ③의 한쪽에 일반 경첩 2개를 대고 나사못으로 고정한다.

5 ②의 공간 박스에 경첩이 달린 문짝을 대고 경첩으로 연결한다.

6 공간 박스 본체에서 문과 맞닿게 되는 면에 문 두께만큼 안쪽으로 들어가 외자석을 대고 나사못으로 고정한다.

7 문짝을 덮었을 때 본체의 외자석과 마주 보는 부분에 외자석용 철판을 대고 나사못으로 고정한다.

8 공간 박스 아랫부분의 각 모서리에 학다리를 대고 나사못으로 고정하여 완성한다.

Living Room _ 45

이 가구의 문은 테두리보다 안쪽으로 들어가는 것이므로 외자석은 문짝의 두께만큼 들여 고정합니다.

철망으로 포인트를 준 빈티지 장식장

난도 ★★★★☆

일명 '국민 공간 박스 장'이라고 불리는 아이템이에요. 공간 박스 여러 개를 쌓아 올리고 문짝만 달아 완성하면 되는 간단한 디자인이지요. 만들기도 쉽고, 만들어서 집 안에 두면 제법 근사해서 많은 분들이 선호하는 스타일이랍니다.
필요한 나무와 각종 철물 소품이 좀 많기는 하지만 완성 후 가장 뿌듯한 아이템이 될 거예요.

MDF 빈지 소재 공간 박스 6개, 삼나무 빈티우레탄치수 150×6.2cm(두께 1.2cm) 4개, 두께 1.2cm 본 한촉의 삼나무 150×5cm 1개, 고운 본지(샌드지) 2~3개, 접착제, 삼나무 본지두께 1.2cm(93×5cm, 19×5cm) 각각 2장과 4장, 삼나무 본지 두께 1.2cm(길이에 따라 절단) 3cm, 짧은 길이 2개, 손잡이 2개, 삼각걸치 3개, 경첩, 타카(타카심), 철제, 우드 스테인, 젯소, 페인트(하얀색), 태커

이렇게 만들어요

1 MDF 소재 공간 박스 6개를 준비한다.

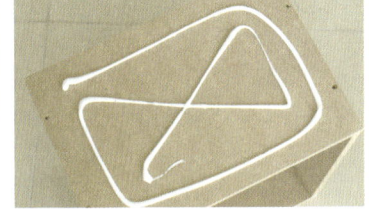

2 6개의 공간 박스 한쪽 면에 접착제를 바른다.

3 접착제 바른 부분끼리 붙여 하나의 틀을 만든다.

4 박스 양옆 표면에 젯소를 칠하고 3시간 이상 말린다.

5 젯소를 칠한 곳에 페인트를 얇게 칠하고 말리는 것을 2~3회 반복한다.

6 110×6.2cm의 삼나무 판자(두께 1.2cm)와 110×5cm의 삼나무 판자(두께 1.2cm)를 'ㄱ'자 모양으로 길게 붙여 장식장 다리 4개를 만든다.

7 1.2cm 두께의 삼나무 판자를 두 가지 크기(93×5cm, 19×5cm)로 각각 2장과 4장을 준비한 후 서로 이어 붙여 문틀을 만든다. 같은 방법으로 문틀 한 개를 더 만든다.

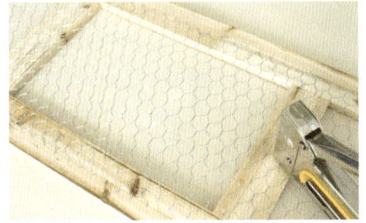

8 문틀 안쪽에 철망을 대고 태커로 고정한다.

Living Room _ 49

9 장식장 본체를 길게 세운 다음 네 모서리에 각각 ⑥에서 만든 다리를 붙인다.

10 본체 앞부분의 위와 아래에 59×5cm의 삼나무 판자(두께 1.2cm)를 붙인다.

11 본체 옆면(앞면과 만나는 부분)에 14×5cm의 삼나무 판자(두께 1.2cm)를 붙인다.

12 80×34cm의 삼나무 판자(두께 2.4cm)를 본체에 얹어 상판으로 붙인다.

13 우드 필러로 나무와 나무 사이의 틈새를 메운다.

14 바니시를 칠하여 마감한다.

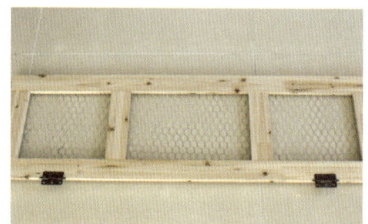

15 문의 한쪽에 일반 경첩을 각각 2개씩 대고 나사못으로 고정한다.

16 본체에 문을 올려놓고 자리를 잡아 경첩을 고정한다.

17 문 한 가운데에서 위쪽으로 자리를 잡아 손잡이를 대고 나사못으로 고정한다.

18 본체 위쪽과 문을 연결하여 문이 닫힐 수 있도록 잠금장치를 대고 나사못으로 고정하여 완성한다.

우드 필러로 틈새를 메울 때는 우드 필러가 완전히 굳으면 사포로 문질러 표면을 매끄럽게 다듬어주세요.

TV를 올려두기에 좋은 거실장

난도 ★★☆☆☆

차가운 소재나 무거운 색감의 거실장은 집 안 전체의 분위기를 가라앉히지요. 트렌드에도 맞고 편안한 느낌을 줄 수 있는 나무 거실장을 만들어볼까요? 본체 틀은 저렴하면서 가벼운 MDF 소재 공간 박스를 사용하고 겉면에는 삼나무 소재 판자를 사용하여 고급스럽고 견고하게 마무리했어요. 큼직한 가구라고 겁먹지 마세요. 만드는 방법은 아주 간단하답니다. TV를 올려놓기에 넉넉한 사이즈로 제작했어요.

이렇게 만들어요

1 MDF 소재 공간 박스 4개를 준비한다.

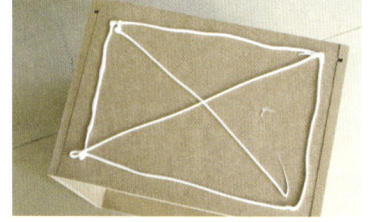
2 3개의 공간 박스 한쪽 면에 접착제를 바른다.

3 접착제 바른 부분끼리 붙여 하나의 틀을 만든다.

4 양옆의 공간 박스 표면에 젯소를 칠하고 3시간 이상 말린다.

5 젯소를 칠한 곳에 페인트를 얇게 칠하고 말리는 것을 2~3회 반복한다.

6 페인트를 칠한 곳에 바니시를 칠하여 마감한다.

7 공간 박스의 앞면 아래쪽 두 군데에 경첩을 달아 137.6×34.2cm의 삼나무 판자(두께 1.2cm)를 연결한다. 이 부분을 열고 닫아 안쪽에 수납을 할 수 있도록 한다.

8 본체 위쪽 옆면에 상판으로 사용할 145.6×34cm의 삼나무 판자(두께 2.4cm)를 꺾쇠로 연결하여 완성한다.

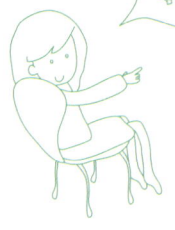

상판을 더욱 튼튼하게 고정하고 싶다면 꺾쇠와 접착제를 함께 사용하세요.

그린 인테리어를 위한 가든 박스

난도 ★☆☆☆☆

실내 가드닝의 포인트가 될 유용한 아이템이에요. 식물이 없으면 삭막하기 쉽고 공기 정화도 어려우니 아파트에서도 꼭 화분 몇 개쯤은 키워야 해요. 가든 박스를 만들어 그 안에 화분을 보관하면 보기에도 깔끔하고 집 단장하는 즐거움도 느낄 수 있지요. 주택에 사는 분들은 마당이나 현관, 데크 등에 놓고 사용해도 좋아요. 가장 쉬운 방법으로 만들어 그린 인테리어 프로젝트까지 완성할 수 있으니 실용도 100% 소품이라 할 수 있겠죠!

 MDF 판지 소재 공간 박스 2개, 손잡이 2개, 접착제, 나사못 6개, 젯소, 페인트(단색), 앤티크 글레이즈, 바니시

이렇게 만들어요

1 MDF 소재 공간 박스 2개를 준비한다.

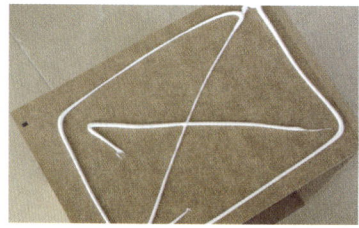
2 공간 박스의 한쪽 면에 접착제를 바른다.

3 접착제 바른 부분을 다른 공간 박스와 붙여 하나의 틀을 만든다.

4 박스 표면에 젯소를 칠하고 3시간 이상 말린다.

5 젯소를 칠한 곳에 페인트를 얇게 칠하고 말리는 것을 2~3회 반복한다.

6 앤티크 글레이즈를 천에 묻혀 페인트를 칠한 면에 바르고 다시 한 번 천으로 닦아낸다.

7 바니시를 칠하여 마감한다.

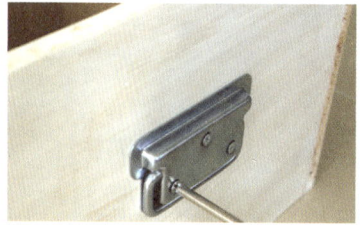
8 본체 양옆에 각각 손잡이를 대고 나사못으로 고정하여 완성한다.

Living Room _ 59

매일매일 책 읽는 습관! 잡지꽂이

난도 ★☆☆☆☆

신문이나 잡지, 책 등을 꽂아 보관하는 아이템이에요. 거실 소파나 욕실 문 앞, 침실 등에 두고 그날그날 보는 신문, 잡지, 책 등을 정리해두면 좋지요. 손잡이를 달아 이동이 간편하도록 만들어 필요한 곳에 두고 사용하면 됩니다. 공간이 어지러워지는 것도 막을 수 있고 독서하는 습관도 키울 수 있어요.

이렇게 만들어요

1 삼나무 소재 공간 박스 1개를 준비한다.

2 공간 박스 안에 29.8×22cm의 삼나무 판자(두께 1.2cm) 2장을 끼워 넣는다. 이때 잡지가 들어갈 공간을 남기고 일정한 간격으로 칸을 나눈다.

3 삼나무 판자가 움직이지 않도록 본체 옆면에 못을 박아 고정한다.

4 바니시를 칠하여 마감한다.

5 양 옆면에 손잡이 너비에 맞춰 드릴로 구멍을 2개씩 뚫는다.

6 손잡이를 대고 나사못으로 고정하여 완성한다.

안쪽에 붙인 판자가 손잡이를 고정할 나사 구멍과 겹치지 않도록 하세요.

노란 지붕을 얹은 강아지 집

반려견을 키우는 집이 참 많지요. 키우는 강아지에게 애정을 듬뿍 담아 집을 만들어주세요. 위에는 뾰족한 지붕을 얹고 페인트로 예쁜 색을 칠해 산뜻하게 꾸며보세요. 강아지가 쉴 새 없이 드나드니 문도 필요 없지요. 그러니 만드는 방법이 너무너무 간단하답니다.

난도 ★★★☆☆

삼나무 판자 소재 공간 박스 2개, 삼나무 판재두께 1.2cm 47.5×30cm 2장, 삼나무 판재두께 1.2cm 50×24cm 1장, 삼나무 판재두께 1.2cm 50×22.8cm 1장, 꺾쇠 4개, 평철 2개, 나사못 16개, 접착제, 페인트(흰색, 노란색), 바니시, 톱 또는 줄톱(요술톱), 스펀지

이렇게 만들어요

1 삼나무 소재 공간 박스 2개를 준비한다.

2 공간 박스 1개는 뒤판을 제거한다.

3 뒤판이 없는 공간 박스가 뒤틀리지 않도록 각 모서리 안쪽에 꺾쇠를 달아 고정한다.

4 뒤판이 있는 공간 박스의 한쪽 가장자리에 접착제를 바른다.

5 접착제 바른 부분을 뒤판이 없는 공간 박스에 붙여 하나로 연결한다.

6 접착제를 바른 면이 좁아 쉽게 떨어질 수 있으므로 윗면 안쪽과 바깥쪽에 하나씩 평철을 박아 고정한다.

7 47.5×30cm의 삼나무 판자(1.2cm) 2장에 각각 윗부분이 직각인 뾰족 지붕 모양 밑그림을 그린다. 그중 1장에는 직사각형 입구 모양을 그린다.

8 톱으로 밑그림을 따라 지붕 모양과 입구 모양을 잘라낸다.

Living Room _ 63

9 ⑥에서 만든 본체의 뚫린 쪽(앞쪽)에 입구가 있는 나무 판자를, 뒤쪽에는 입구가 없는 나무 판자를 붙인다.

10 50×24cm의 삼나무 판자(두께 1.2cm)에 50×22.8cm의 삼나무 판자(두께 1.2cm)를 붙여 맨 위에 씌울 지붕 모양을 만든다.

11 물에 적신 스펀지에 흰색 페인트를 묻혀 본체 표면에 칠한다.

12 지붕에는 노란색 페인트를 칠한다. 원하는 컬러로 자유롭게 칠하면 된다.

13 본체와 지붕을 접착제로 붙여 연결한다.

14 바니시를 칠하여 마감하고 완성한다.

뒷면에 판자를 대지 않은 공간 박스는 뒤틀리기 쉬워요. 판자가 떨어지지 않도록 주의하며 작업하세요.

완성된 강아지 집의 모습이랍니다~

Plus Item
자투리 나무로 만든 소품

뚜껑 있는 휴지통

자투리 판자로 무얼 만들까 하다가 마침 거실에 필요했던 휴지통을 만들었어요. 쓰레기를 버리는 곳이지만 이렇게 원목으로 만들어두니 거실 분위기도 살고 내 손으로 만든 소품이라 더욱 깨끗하게 사용하게 되더라고요. 뚜껑을 달아 내용물이 보이지 않도록 하면 훨씬 깔끔합니다. 휴지통 말고 다른 용도로 활용해도 좋을 것 같아요. 1.2cm 두께의 나무 판자를 사용하면 튼튼하게 만들 수 있어요.

 삼나무 판자(두께 1.2cm) 36×24cm 2장, 삼나무 판자(두께 1.2cm) 36×21.6cm 2장, 삼나무 판자(두께 1.2cm) 26.4×10cm 2장, 삼나무 판자(두께 1.2cm) 24×10cm 2장, 삼나무 판자(두께 1.2cm) 21×21cm 1장, 삼나무 판자(두께 2.4cm) 24×24cm 1장, 삼나무 판자(두께 2.4cm) 5×5cm 1장, MDF 소재 판자(두께 0.3cm) 23.8×23.8cm 1장, 고리 2개, 접착제, 바니시

1 삼나무 판자(두께 1.2cm) 36×24cm 2장과 36×21.6cm 2장으로 사각 기둥 모양을 만들어 접착제로 붙인다.

2 완성 후 윗면이 될 곳에 삼나무(두께 1.2cm) 26.4×10cm 2장과 24×10cm 2장을 각각 둘러 붙인다.

3 ②의 반대쪽에는 23.8×23.8cm의 MDF 소재 판자(두께 0.3cm)를 붙여 휴지통 바닥을 만든다.

4 24×24cm의 삼나무 판자(두께 2.4cm) 위에 21×21cm의 삼나무 판자(두께 1.2cm)를 붙여 뚜껑을 만든다. 작은 나무판이 붙은 쪽이 뚜껑 안쪽으로, 이렇게 해야 뚜껑이 본체에서 떨어지지 않는다.

5 뚜껑 위 가운데에 5×5cm의 삼나무 판자(두께 2.4cm)를 붙여 손잡이를 만든다.

6 바니시를 칠하여 마감한다.

휴지통 완성!

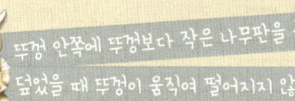

7 본체 안쪽에 비닐봉지를 걸 수 있도록 고리 2개를 박는다.

뚜껑 안쪽에 뚜껑보다 작은 나무판을 붙이는 이유는 덮었을 때 뚜껑이 움직여 떨어지지 않도록 하기 위해서랍니다.

찾기 쉽고 정리도 깔끔하게!
리모컨꽂이

TV를 켜려다 말고 리모컨이 어디 있나 한참을 찾을 때가 많아요. 늘 두는 곳에 둔다고 해도 다시 보면 어디론가 사라져 있으니 신기하지요? TV뿐인가요? DVD며 오디오, 케이블 채널 조정 박스나 에어컨 등, 한두 개가 아니잖아요. 여러 개의 리모컨을 한자리에 보관한다면 이런 번거로움을 줄일 수 있을 거예요. 자투리 나무를 이용해 만든 리모컨꽂이는 우리 집 필수품이랍니다.

삼나무 판자도 계단식으로 여러 장 겹쳐 본드로 고정한 뒤 나무 판자 가장자리에 양 사이드 판자를 대면 좋음. 바니시.

1 7.6×10cm의 삼나무 판자(두께 1.2cm) 가장자리에 10×10cm의 삼나무 판자(두께 1.2cm) 2장을 세워 붙인다.

2 뒷부분에 10×20cm의 삼나무 판자(두께 1.2cm)를 세워 붙인다.

3 앞부분에는 10×10cm의 삼나무 판자(두께 1.2cm)를 붙여 모양을 완성한다.

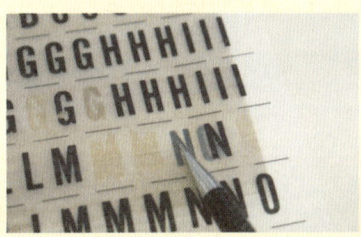

4 앞면에 레터링 필름을 대고 뽀족한 것으로 문질러 원하는 글자를 새긴다.

5 바니시를 칠하여 마감한다.

리모컨꽂이 완성!

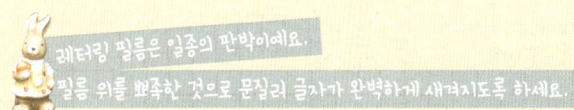

레터링 필름은 일종의 판박이예요.
필름 위를 뽀족한 것으로 문질러 글자가 완벽하게 새겨지도록 하세요.

타일을 붙여 근사하게 만든 벽시계

워크숍이나 체육대회 등의 행사에서 상으로 받은 시계는 참 폼이 안 나지요? 그럴 때 시계의 가장 중요한 부품인 무브와 시곗바늘을 떼어내 나무판으로 리폼하면 근사한 새 시계가 완성됩니다.
전에 사용하고 남은 미송 합판이 있어 아주 간단한 방법으로 시계 하나를 만들어봤어요. 타일 조각을 이용해 꾸며도 되고 합판에 그림을 그려도 근사합니다.

 미송 합판(두께 0.48cm) 24×24cm 1장, 삼나무 판재(두께 1.2cm) 14×3cm 2장, 삼나무 판자(두께 1.2cm) 9×3cm 2장, 타일 조각 4개, 액자 고리 1개, 시계 무브와 바늘 1세트, 접착제, 나사못 1개, 바니시

1 24×24cm의 미송 합판(두께 0.48cm) 한가운데에 드릴로 지름 1cm 정도의 구멍을 뚫는다.

2 합판 뒷면에 14×3cm의 삼나무 판자(두께 1.2cm) 2장과 9×3cm의 삼나무 판자(두께 1.2cm) 2장을 사각 틀 모양으로 만들어 붙인다.

3 바니시를 칠하여 마감한다.

4 뒷면의 ② 가운데에 시계 무브를 넣고 고정한다. 가운데에 뚫어놓은 구멍에 시계 무브와 시곗바늘을 연결할 부분이 들어가게 된다.

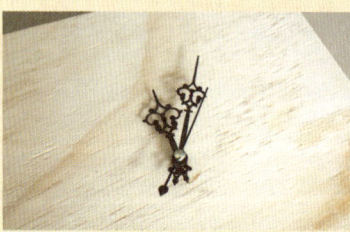

5 ④에 시침→분침→초침 순서대로 꽂는다.

6 3시, 6시, 9시, 12시를 가리키는 부분에 타일 조각을 붙인다.

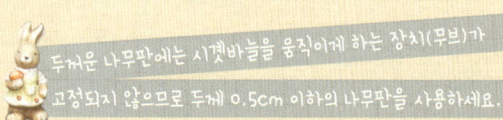

두꺼운 나무판에는 시곗바늘을 움직이게 하는 장치(무브)가 고정되지 않으므로 두께 0.5cm 이하의 나무판을 사용하세요.

7 뒷면 위쪽에 액자 고리를 대고 나사못으로 고정하여 완성한다.

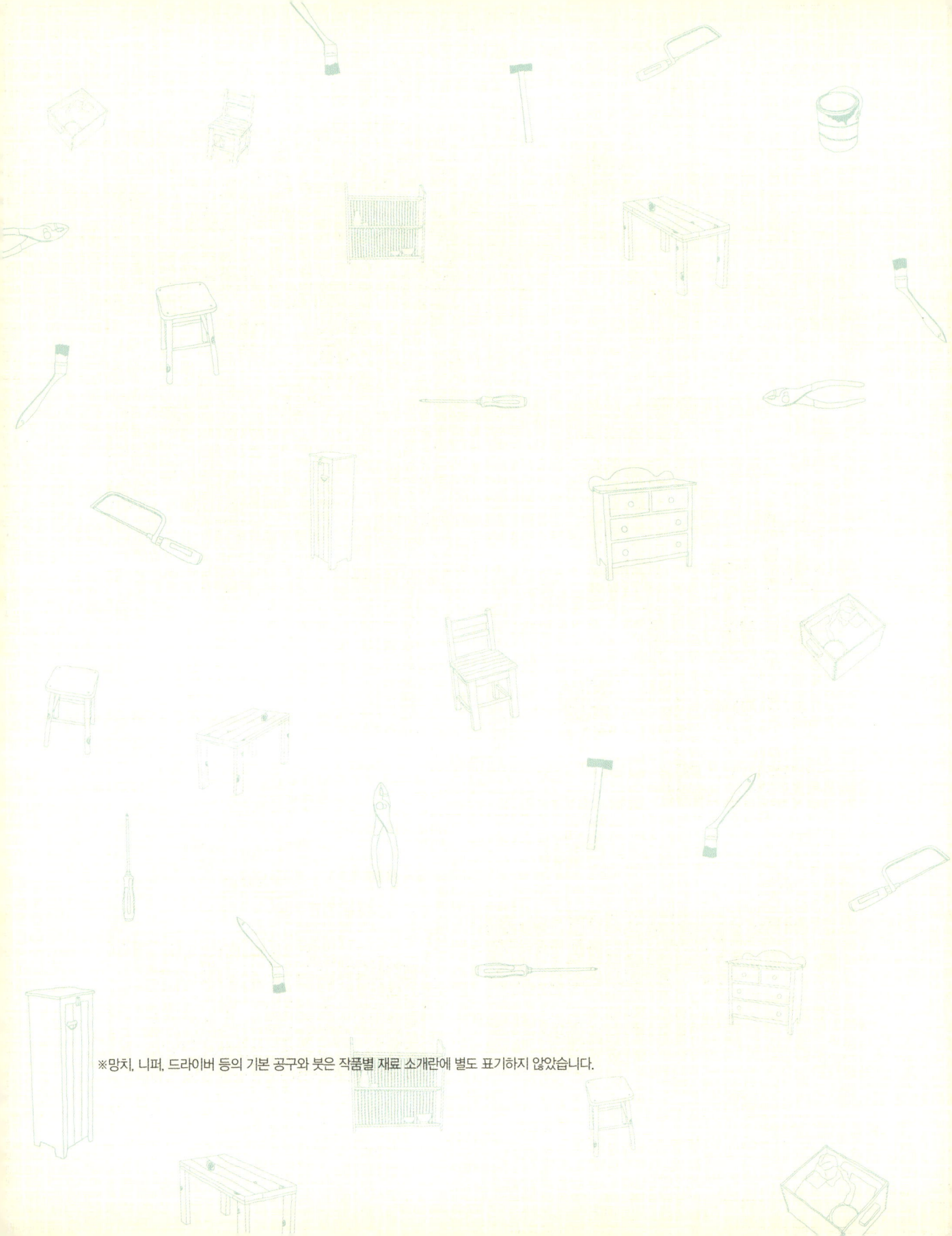

※망치, 니퍼, 드라이버 등의 기본 공구와 붓은 작품별 재료 소개란에 별도 표기하지 않았습니다.

어느 공간에나 어울리는 멋쟁이 가구, 캐비닛

난도 ★★★★★

상단에 있는 장은 문을 앞으로 당겨 열고 아래쪽에는 서랍이 달려 있는 형태의 캐비닛은 여자들의 로망이라고 할 수 있는 가구예요. 캐주얼한 스타일이면서도 뭔가 기품이 느껴지기도 하고, 게다가 다목적으로 활용할 수 있어 침실이나 거실, 드레스 룸 어디에나 어울리지요. 여기에 명찰 모양으로 디자인된 손잡이를 달아주면 더욱더 트렌디한 가구가 완성됩니다. 공간 박스를 조립했다가 분해해서 자르고 다시 조립하는 과정을 거쳐야 하지만 완성된 후에는 어떤 가구보다 성취감을 맛볼 수 있을 거예요.

이렇게 만들어요

1 삼나무 소재 공간 박스를 6개 준비한다.

2 공간 박스 옆면의 한쪽 가장자리에서 1.5cm 안으로 들어간 지점에 선을 긋는다.

3 ②의 공간 박스에서 선을 그어놓은 판만 분해한다.

4 선을 따라 톱으로 잘라낸다.

5 잘라낸 판을 다시 조립하여 공간 박스 모양으로 만든다. 준비한 공간 박스 6개 모두 이 과정(②~⑤)을 따라 만든다.

6 공간 박스의 면 중에서 잘라낸 판에 접착제를 바른다.

7 공간 박스 2개를 이어 붙여 하나로 만든다.

8 2개씩 서로 붙인 공간 박스 면에 접착제를 바른다.

9 2개씩 붙인 공간 박스 3세트를 붙여 하나로 만든다.

10 아래쪽 모서리에 10×5cm의 삼나무 판자(두께 1.2cm)를 붙여 다리를 만든다.

11 전체적으로 바니시를 칠하여 마감한다.

12 57.2×29.6cm의 삼나무 판자(두께 1.2cm) 한쪽에 일반 경첩을 2개씩 나사못으로 고정한다.

13 본체에 문을 올려놓고 경첩으로 연결한다.

14 문 가운데에 명찰 틀 손잡이를 대고 나사못으로 고정한다.

15 본체의 문이 열리는 곳에 문의 두께만큼 안쪽으로 들여 외자석을 나사못으로 고정한다.

16 외자석과 마주보는 문에 외자석용 철판을 대고 나사못으로 고정한다.

17 문의 모서리와 본체의 끝에 고리를 박는다.

18 체인으로 문과 본체의 고리를 연결하여 완성한다.

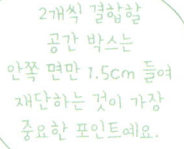

2개씩 결합할 공간 박스는 안쪽 면만 1.5cm 들여 재단하는 것이 가장 중요한 포인트예요.

간단 수납에 편리한 행어

난도 ★★☆☆☆

많은 분들이 실생활에서 의외로 많이 사용하는 아이템으로 꼽는 가구가 행어랍니다. 공간 박스 2개만 있으면 간단하게 만들 수 있고, 침실을 비롯해 행어가 필요한 곳은 어디에든 두고 사용할 수 있어요. 아! 아이 옷걸이로 만들어줄 때는 키를 조금 낮추는 게 좋겠지요?

 이렇게 만들어요

1 삼나무 판자 소재의 공간 박스 2개를 준비한다.

2 1개의 공간 박스 한 면에 접착제를 바른다.

3 접착제 바른 면에 다른 공간 박스를 붙여 하나로 만든다.

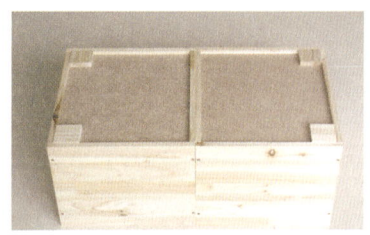
4 공간 박스 아랫부분의 각 모서리에 5×5cm의 삼나무 판자(두께 2.4cm)를 붙인다.

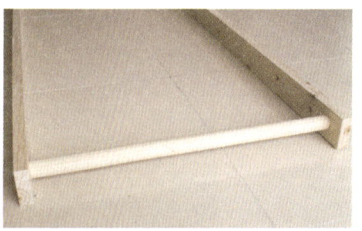
5 150×7cm의 삼나무 판자(두께 2.4cm) 2개를 길게 놓고 한쪽에 60cm의 나무 봉(지름 3cm)을 못으로 연결한다.

6 150×7cm 크기의 삼나무 판자(두께 2.4cm)를 나무 봉이 없는 쪽으로 세워 공간 박스에 붙인다.

7 ⑥에 바니시를 칠하여 마감한다.

8 ④에서 공간 박스 아랫부분에 붙여놓은 삼나무 판자에 바퀴를 대고 나사못으로 고정하여 완성한다.

공간 박스에
긴 삼나무 판자를
붙일 때는 접착제를
바른 후 못으로 한 번 더
고정해야 단단해요.

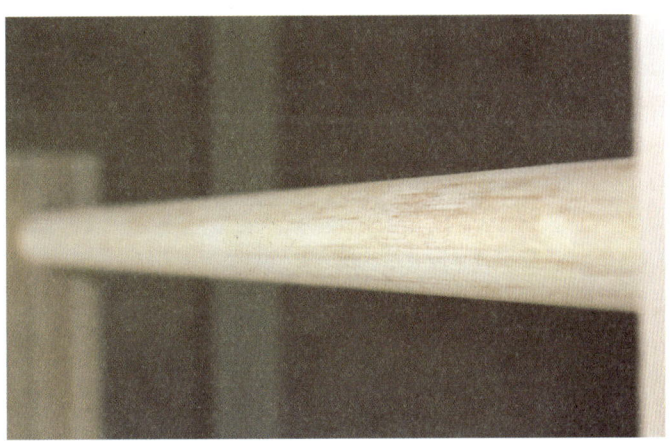

원목 느낌을 살린 다용도 서랍장

난도 ★★★☆☆

옷이나 각종 물건을 깔끔하게 보관할 수 있는 서랍장은 없어서는 안 될 중요한 소가구예요. 겉으로 보이지 않는 서랍장 안쪽은 MDF 판자를, 바깥 부분은 삼나무 판자를 대고 만들면 원목 느낌이 살면서도 훨씬 경제적이랍니다. 쉽게 여닫을 수 있도록 손잡이를 달면 정리정돈이 더욱 즐거워지겠지요?

이렇게 만들어요

1 삼나무 판자 소재의 공간 박스 3개를 준비한다.

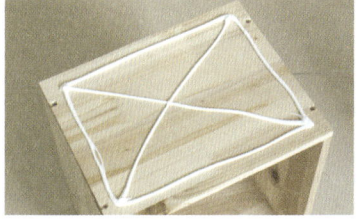

2 2개의 공간 박스 한 면에 접착제를 바른다.

3 공간 박스 3개를 이어 붙여 하나로 만든다.

4 공간 박스 2개의 가운데에 27.4×22.5cm의 삼나무 판자(두께 1.2cm)를 각각 끼워 넣는다.

5 ④의 끼워 넣은 삼나무 판자가 움직이지 않도록 못으로 고정한다.

6 27×13cm의 MDF 판자(두께 1.2cm) 2장과 18.8×13cm 크기의 MDF 판자(두께 1.2cm) 2장을 연결해 사각 틀을 만든다.

7 ⑥에 27×21cm의 MDF 판자(두께 0.3cm)를 붙여 상자 모양으로 만든다.

8 MDF 상자의 앞부분에 27.2×14cm의 삼나무 판자(두께 1.2cm)나 27.2×29.6cm의 삼나무 판자(두께 1.2cm)를 붙인다.

9 드릴을 이용해 서랍 앞부분에 손잡이 크기에 맞는 구멍 2개를 뚫는다.

10 ⑨에 손잡이를 대고 나사못으로 고정한다. ⑥~⑩의 과정을 거쳐 총 5개의 서랍을 만든다.

11 바니시를 칠하여 마감한다.

12 ⑤의 서랍장에 서랍을 끼워 완성한다.

서랍으로 쓸 상자는 공간 박스 내의 공간보다 조금 작게 만들어야 넣고 빼기가 쉽답니다.

완성된 서랍의 모습이에요~

침실 분위기를 살려주는 수납장

난도 ★★★☆☆

인테리어 잡지 속 빨간 옷장은 언제 봐도 눈길을 사로잡는 가구예요. 물을 적신 스펀지에 페인트를 묻혀 삼나무 원목에 칠해주면 빈티지한 매력이 더욱 빛을 발하지요. 빨간 수납장 하나로 침실 분위기를 확 바꿔보세요. 바퀴가 있어 침실뿐 아니라 필요한 장소에 옮겨 사용할 수 있다는 것이 큰 장점이에요.

이렇게 만들어요

1 삼나무 판자 소재의 공간 박스 6개를 준비한다.

2 4개의 공간 박스 한 면에 접착제를 바른다.

3 공간 박스를 3개씩 이어 붙여 2개로 만든다.

4 이어 붙인 박스 뒷면에 97×8cm의 미송 합판(두께 0.48cm)을 3장씩 붙인다.

5 물에 적신 스펀지에 페인트를 묻혀 ④의 표면을 전체적으로 칠한다.

6 바니시를 칠하여 마감한다.

7 이어 붙인 박스 2개를 트여 있는 곳끼리 마주 보게 한 다음, 뒤의 한 면에 일반 경첩을 대고 연결한다.

8 드릴을 이용해 문을 여는 면에 손잡이 크기에 맞는 구멍을 2개씩 뚫는다.

9 ⑧의 구멍에 손잡이를 대고 나사못으로 고정한다.

10 손잡이 근처의 공간 박스 안쪽에 외자석을 대고 나사못으로 고정한다.

11 외자석이 마주 보는 반대쪽에 다른 한 개의 외자석을 대고 나사못으로 고정한다.

12 연결된 박스 아랫부분의 각 모서리에 바퀴를 대고 나사못으로 고정하여 완성한다.

바퀴를 달 때는 적당한 간격을 두고 고정시켜야 바퀴가 사방으로 돌아가는 동안 서로 부딪치지 않는답니다.

공간 박스로 만든 활용도 만점 싱글 침대

난도 ★★★★☆

싱글족이나 원룸족에게 가장 필요한 가구는 바로 싱글 침대일 거예요. 공간 박스를 이용해 튼튼하고 활용도가 높은 싱글 침대를 만들어보세요. 나사못을 빼면 공간 박스를 다시 사용할 수 있어 활용도 만점이랍니다. 이 똑똑한 싱글 침대 하나로 좁은 방을 알차게 꾸밀 수 있어요.

이렇게 만들어요

1 MDF 판자 소재의 공간 박스를 12개 이상 준비한다.

2 6개의 공간 박스 한 면에 접착제를 바른다.

3 공간 박스를 2개씩 붙여 6개로 만든다.

4 이어 붙인 박스마다 68.6×33.8cm의 삼나무 판자(두께 1.2cm)를 무보링 경첩으로 연결해 문짝을 만든다.

5 드릴을 이용해 ④의 문짝 앞에 손잡이 크기에 맞는 구멍을 2개씩 뚫는다.

6 ⑤에 손잡이를 대고 나사못으로 고정한다.

7 ⑥의 박스들을 총 6개로 만든 뒤 3개씩 2줄로 길게 놓는다.

8 ⑦의 박스들을 평철로 연결해 각각 1줄로 만든다.

9 박스가 길게 끝나는 한쪽에 117×70cm의 삼나무 판자(두께 2.4cm)를 붙여 침대 헤드를 만든다.

10 침대 헤드의 반대쪽에 117×36cm의 삼나무 판자(두께 2.4cm)를 붙인다.

11 가운데 빈 공간에 남은 공간 박스를 넣는다.

12 연결된 공간 박스들 위에 117×103cm의 삼나무 판자(두께 1.2cm) 2장을 얹고 나사못으로 고정하여 완성한다.

> 공간 박스 위에 얹는 나무는 반드시 나사못으로 고정하세요. 이렇게 하면 쉽게 풀어 분해할 수 있어요.

휴식과 수납을 동시에! 만능 베드 벤치

난도 ★★★☆☆

인테리어 화보를 볼 때마다 탐냈던 예쁜 베드 벤치를 침실에 놓아보세요. 편안하게 쉴 수 있도록 푹신한 스펀지를 얹고, 팔걸이를 달아 디자인의 완성도를 높입니다. 벤치 뚜껑을 열면 든든한 수납공간까지 숨어 있으니 그야말로 일석삼조의 똑똑한 가구가 되지요.

이렇게 만들어요

1 MDF 판자 소재의 공간 박스 3개를 준비한다.

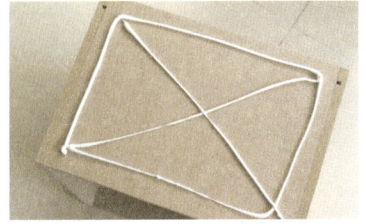
2 2개의 공간 박스 한 면에 접착제를 바른다.

3 공간 박스 3개를 이어 붙여 하나로 만든다.

4 ③의 표면에 젯소를 칠하고 3시간 이상 말린다.

5 젯소가 마르면 페인트를 얇게 칠하고 다시 말린다. 이 과정을 2~3회 반복한다.

6 44×6cm의 삼나무 판자(두께 2.4cm) 2장과 34.4×6cm의 삼나무 판자(두께 2.4cm) 1장을 접착제로 붙인다. 같은 방법으로 반대쪽 팔걸이를 하나 더 만든다.

7 ⑤의 양옆에 ⑥을 접착제로 붙인다.

8 바니시를 칠하여 마감한다.

9 103×35cm의 MDF 판자(두께 1.2cm) 위에 103×35cm의 스펀지(두께 5cm)를 얹는다.

10 원단으로 ⑨의 스펀지를 감싼 뒤 MDF 판자 쪽에서 태커로 고정한다.

11 ⑩의 각 모서리에서 공간 박스 두께만큼 안쪽으로 들어가 5×5cm의 삼나무 판자(두께 2.4cm)를 각각 붙인다.

12 ⑪을 공간 박스 위에 끼워 완성한다.

팔걸이를 만들 때는 접착제를 바른 후 못으로 한 번 더 고정시켜 튼튼하게 하세요.

완성된 베드 벤치의 모습이랍니다~

화장대 겸용, 실용적인 콘솔

난도 ★★★☆☆

곁에 놓아두는 것만으로도 저절로 미소가 지어지는 근사한 가구, 콘솔. 침실에 꼭 두고 싶은 가구 중 하나예요. 특히 뚜껑을 열고 닫는 콘솔이라면 구석구석 먼지가 쌓이지 않아 청소할 일도 적겠지요? 뚜껑 안쪽에 아크릴 거울을 붙이고, 화장대 대신 마주 앉아 매일매일 즐겁게 메이크업을 해보세요.

이렇게 만들어요

1 삼나무 판자 소재의 공간 박스 2개를 준비한다.

2 공간 박스 각각의 옆면에 총 4개의 대각선을 그린다. 공간 박스 2개를 붙여놓았을 때 겹쳐지는 면에는 1cm 정도 더 깊게 대각선을 그린다.

3 공간 박스에 박혀 있던 나사못을 빼고 공간 박스를 분해한다.

4 ②의 대각선을 따라 톱으로 잘라준다.

5 ④와 함께 분해한 공간 박스를 원래 모양대로 조립하되, 위판은 제거한다.

6 1cm 더 깊게 재단한 공간 박스의 한 면에 접착제를 바른다.

7 ⑥에 다른 공간 박스를 이어 붙여 하나로 만든다.

8 공간 박스 윗부분에 60×10cm의 삼나무 판자(두께 1.2cm)를 붙인다.

Bedroom _ 97

9 70cm의 각재(굵기 4×4cm) 2개와 22cm의 각재(굵기 4×4cm) 2개로 다리 1개를 만든다. 같은 방법으로 나머지 한쪽 다리도 만든다.

10 공간 박스 아랫부분에 다리를 붙인다.

11 전체적으로 바니시를 칠하여 마감한다.

12 60×26cm의 삼나무 판자(두께 1.2cm)에 아크릴 거울을 양면테이프를 이용하여 붙인다.

13 뚜껑 한쪽에 일반 경첩 2개를 대고 나사못으로 고정한다.

14 본체에 뚜껑을 올리고 경첩으로 연결한다.

15 뚜껑의 모서리 부분과 본체의 안에 고리를 박는다.

16 체인으로 뚜껑과 본체의 고리를 연결하여 완성한다.

> 유리 거울을 사용하면 무거워서 고정시키기가 어렵고 깨질 위험도 있어요. 가볍고 안전하면서 가격까지 저렴하게 해결하려면 아크릴 거울을 이용하세요. 두께 0.2cm 정도가 적당합니다.

앤티크 스타일의 매력적인 트렁크

난도 ★★★☆☆

클래식 영화에서 보던 짙은 컬러의 트렁크. 심플하지만 고풍스러운 매력을 풍겨, 침실에 하나쯤 놓아두면 근사한 분위기를 연출한답니다. 공간 박스에 목재의 착색제로 사용하는 스테인을 칠하면 나뭇결이 살아나 비슷한 느낌을 낼 수 있어요. 여기에 앤티크 스타일 부자재를 장식하면 빈티지 지수가 더욱 올라가지요.

삼나무 판자 소재 공간 박스 2개, 삼나무 부자재(두께 2.4cm)70×8cm 1장, 삼나무 판자(두께 2.4cm) 60×24.3cm 1장, 일반 경첩 2개, 접착제, 시계, 손잡이 1개, 모서리 장식 3개, 고리 2개, 페인트, 나사못 8개, 나무 접착제, 스테인, 스펀지, 바니시

이렇게 만들어요

1 삼나무 판자 소재의 공간 박스 2개를 준비한다.

2 공간 박스 한 면에 접착제를 바른다.

3 접착제 바른 면에 다른 공간 박스를 붙여 하나로 만든다.

4 공간 박스 위의 한쪽에 60×8cm의 삼나무 판자(두께 2.4cm)를 붙인다.

5 스펀지에 스테인을 발라 공간 박스 표면을 칠한다.

6 바니시를 칠하여 마감한다.

7 뚜껑이 될 60×24.3cm의 삼나무 판자(두께 2.4cm) 한쪽에 일반 경첩 2개를 대고 나사못으로 고정한다.

8 본체에 뚜껑을 올려놓고 경첩으로 연결한다.

9 뚜껑과 본체에 각각 잠금장치를 대고 나사못으로 고정한다.

10 공간 박스 양옆에 손잡이를 대고 나사못으로 고정한다.

11 뚜껑과 본체의 모서리 8군데를 니퍼 등을 이용하여 둥글게 깎는다.

12 깎은 모서리에 각각 모서리 장식을 대고 못으로 고정한다.

13 뚜껑의 모서리와 본체의 안에 고리를 박는다.

14 체인으로 뚜껑과 본체의 고리를 연결해 완성한다.

완성된 트렁크의 모습이랍니다~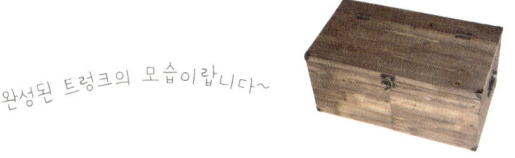

Plus Item
자투리 나무로 만든 소품

자투리 나무로 뚝딱! 소품 액자

가구를 제작하고 남은 긴 자투리 나무로 액자를 만들어보세요. 길이를 달리해서 원하는 크기와 디자인으로 다양하게 연출할 수 있답니다. 고리로 연결된 액자는 단순하지 않으면서도 독특한 느낌을 담고 있어요. 뒤쪽에 가족사진을 붙이면 침실이 행복한 추억으로 가득한 공간으로 변신하지요.

 삼나무 판재(두께 1.2cm) 14×3cm 4장, 삼나무 판재(두께 1.2cm) 9×3cm 4장, 고리 4개, 액자 고리 1개, 접착제, 바니시

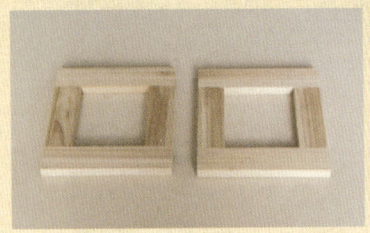

1 14×3cm의 삼나무 판자(두께 1.2cm) 2장과 9×3cm의 삼나무 판자(두께 1.2cm) 2장을 붙여 사각 틀 2세트를 만든다.

2 바니시를 칠하여 마감한다.

3 사각 틀 위에 고리를 각각 2개씩 박는다.

4 ③의 고리를 서로 연결한다.

5 사각 틀 윗부분에 액자 고리를 대고 나사못으로 고정한다.

액자 완성!

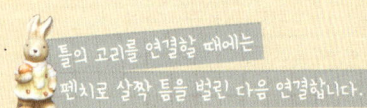

틀의 고리를 연결할 때에는 펜치로 살짝 틈을 벌린 다음 연결합니다.

로맨틱한 분위기를 살리는 조명

삼나무 판자로 침실 조명을 만들고 냅킨을 조명갓으로 두른 뒤 그 안에 작은 양초를 넣으면 냅킨 안에서 하늘하늘 흔들리는 불빛이 예쁜 그림을 보여주지요. 판자의 로맨틱한 변신처럼, 침실도 낭만이 가득한 공간으로 변신한답니다. 참, 불붙을 위험이 있으니 건전지를 넣는 안전 양초를 사용하세요.

1 24×3cm의 삼나무 판자(두께 1.2cm) 2장과 9×3cm의 삼나무 판자(두께 1.2cm) 2장을 사각 틀이 되도록 접착제로 이어 붙인다.

2 사각 틀 크기에 맞춰 냅킨을 자른 뒤 틀 뒷면에 접착제로 붙인다.

3 냅킨을 붙인 뒷면에 24×10cm의 삼나무 판자(두께 1.2cm) 2장을 길게 눕혀 붙인다.

4 남은 한 면에 24×15cm의 삼나무 판자(두께 1.2cm)를 붙여 직육면체 모양으로 만든다.

5 바니시를 칠하여 마감한다.

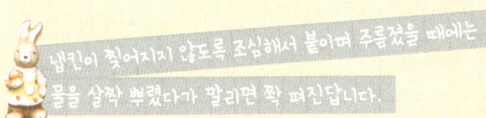

냅킨이 찢어지지 않도록 조심해서 붙이며 주름졌을 때에는 물을 살짝 뿌렸다가 말리면 쫙 펴진답니다.

Bedroom _ 105

※망치, 니퍼, 드라이버 등의 기본 공구와 붓은 작품별 재료 소개란에 별도 표기하지 않았습니다.

주방만큼 실용성이 강조된 가구와 소품을 필요로 하는 공간도 또 없지요. 각종 식재료와 조리도구들을 효율적으로 보관해야 하니까요. 유행하는 디자인에 실용성까지 더한 접이식 테이블은 아일랜드 기능까지 갖췄답니다. 철망 뚜껑을 달은 채소 장이나 와인 수납장까지, 다양한 가구 만들기에 도전해보세요.

Space 04

주방
Kitchen

좁은 공간을 널찍하게 활용하는 접이식 테이블

난도 ★★★★☆

평소에는 수납장으로 쓰다가 손님을 맞이하거나 도구를 많이 늘어놓고 작업해야 할 때 상판을 올려 널찍하게 쓸 수 있도록 접이식 테이블을 만들어보세요. 접었다 폈다 하며 원하는 때에 협소한 공간에서도 똑똑하게 활용할 수 있어요.

이렇게 만들어요

1 MDF 판자 소재의 공간 박스 4개를 준비한다.

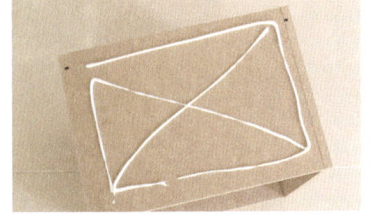

2 3개의 공간 박스 한 면에 접착제를 바른다.

3 공간 박스 4개를 이어 붙여 하나로 만든다.

4 ③의 표면에 젯소를 칠하고 3시간 이상 말린다.

5 젯소가 마르면 페인트를 얇게 칠하고 다시 말린다. 이 과정을 2~3회 반복한다.

6 공간 박스 앞부분에 58.8×5cm의 삼나무 판자(두께 1.2cm) 2장을 가로로 붙이고 68.8×5cm의 삼나무 판자(두께 1.2cm) 2장을 세로로 붙인다.

7 공간 박스 뒷부분에 68.8cm의 각재(굵기 3×3cm) 2개를 세로로 붙이고 59.4cm의 각재(굵기 3×3cm) 2개를 가로로 붙인다.

8 62.6cm의 각재(굵기 3×3cm)에 56.2cm의 각재(굵기 3×3cm) 2개를 가로로 붙이고 68.8cm의 각재(굵기 3×3cm)를 남은 한 변에 세로로 붙여 사각 틀을 만든다.

9 ⑦에 80×34cm의 삼나무 판자(두께 2.4cm)를 상판으로 붙인다.

10 바니시를 칠하여 마감한다.

11 문으로 쓸 58.8×29cm의 삼나무 판자(두께 1.2cm) 한쪽에 일반 경첩 2개씩을 대고 나사못으로 고정한다.

12 본체에 문을 올려놓고 경첩으로 연결한다.

13 문 앞에 손잡이를 대고 나사못으로 고정한다.

14 ⑧ 중 62.6cm의 각재(굵기 3×3cm) 부분에 일반 경첩 2개를 대고 나사못으로 고정한다.

15 ⑬의 뒷부분에 ⑭를 대고 경첩으로 연결한다.

16 본체 문이 열리는 곳에 외자석을 대고 나사못으로 고정한다.

17 문의 외자석과 마주 보는 부분에 철판을 대고 나사못으로 고정한다.

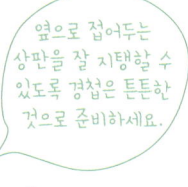

18 본체를 뒤집어놓고 본체의 상판과 80×66cm의 삼나무 판자(두께 2.4cm)를 경첩으로 연결하여 완성한다.

옆으로 접어두는 상판을 잘 지탱할 수 있도록 경첩은 튼튼한 것으로 준비하세요.

다용도걸이

간편한 수납과 시원한 인테리어 효과의 선반장

난도 ★★★☆☆

요즘의 주방 트렌드는 상부장을 생략해 탁 트인 느낌을 주는 것입니다. 수납이 간편하고 깔끔해 보이는 주방용 선반장을 만들어보세요. 원단을 사용해 장식하면 훨씬 포근한 느낌을 줄 수 있어요. 혹시 크기가 작은 듯하면 2개를 만들어서 나란히 걸어놓아도 괜찮아요.

이렇게 만들어요

1 삼나무 판자 소재의 공간 박스 2개를 준비한다.

2 2개의 공간 박스 아래 위 두 면에 접착제를 바른다.

3 110×24cm의 삼나무 판자 2장 사이 양쪽 끝에 공간 박스를 붙여 하나로 만든다.

4 27.2×5cm의 삼나무 판자(두께 1.2cm) 2장과 19.6×5cm의 삼나무 판자(두께 1.2cm) 2장으로 문틀 2세트를 만든다.

5 바니시를 칠하여 마감한다.

6 문틀 뒷부분에 맞춰 자른 원단을 대고 태커로 고정한다.

7 문 한쪽에 일반 경첩 2개를 대고 나사못으로 고정한다.

8 본체에 문을 올려놓고 경첩으로 연결한다.

9 문 한쪽에 손잡이를 대고 나사못으로 고정한다.

10 본체의 문이 열리는 곳에 문 두께만큼 안쪽으로 들어가 외자석을 대고 나사못으로 고정한다.

11 외자석과 마주 보는 문 쪽에 외자석용 철판을 대고 나사못으로 고정한다.

12 서랍장 뒷부분에 액자 고리를 대고 나사못으로 고정하여 완성한다.

선반장을 고정시킬 벽이 석고보드나 콘크리트인 경우에는 구멍을 뚫고 칼 블록을 박은 후 못을 박아줍니다.

즐거운 파티를 위한 와인장

집에서도 와인을 즐기는 분들이 많아졌어요. 다양한 와인을 보관해두고 음식과 분위기에 맞는 와인을 고르는 재미를 누리도록 와인장을 만들어보세요. 와인 병이 고정될 수 있도록 나무판에 반원 홈을 파주는 것이 포인트예요. 코르크 마개 손잡이를 달면 센스가 더욱 돋보이겠지요?

이렇게 만들어요

1 삼나무 판자 소재의 공간 박스 3개를 준비한다.

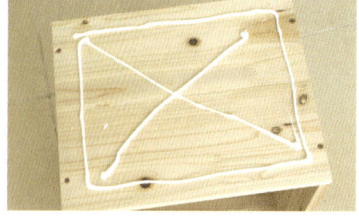
2 2개의 공간 박스 한 면에 접착제를 바른다.

3 공간 박스 3개를 이어 붙여 하나로 만든다.

4 이어 붙인 공간 박스 3개 중 2개의 안쪽 가운데에 27.4×22.5cm의 삼나무 판자(두께 1.2cm)를 끼워 넣는다.

5 ④의 삼나무 판자가 움직이지 않도록 못을 박아 고정한다.

6 30×6cm의 삼나무 판자(두께 1.2cm) 4장에 반원 또는 직삼각형을 2개씩 그린다.

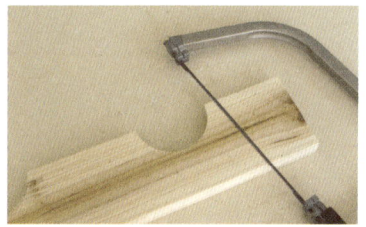
7 그린 모양대로 톱으로 잘라낸다.

8 잘라낸 나무판을 공간 박스 앞부분에 붙인다.

Kitchen _ 117

9 문 앞에 코르크 마개를 붙여 손잡이를 만든다.

10 바니시를 칠하여 마감한다.

11 문을 만들 27.2×29.6cm의 삼나무 판자(두께 1.2cm) 한쪽에 일반 경첩 2개를 대고 나사못으로 고정한다.

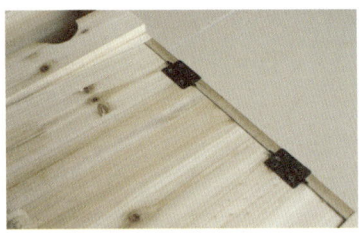  

12 본체에 문을 올려놓고 경첩으로 연결한다.

13 본체의 문이 열리는 곳에 문 두께만큼 안쪽으로 들어가 외자석을 대고 나사못으로 고정한다.

14 외자석과 마주 보는 문에 외자석용 철판을 대고 나사못으로 고정하여 완성한다.

와인을 보관할 때는 병의 입구 쪽이 기울게 하여 보관하는 것이 와인의 신선도를 유지하는 방법이에요. 보관함을 만들 때는 공간 박스 안에 나무토막을 넣어 기울기를 조절하도록 합니다.

효율적인 식재료 관리를 위한 채소 보관함

난도 ★★★★☆

효율적인 식재료 보관은 곧 맛있는 음식으로 연결되지요. 채소와 과일을 따로 두어 보기도 깔끔하고 관리도 편한 채소 보관함을 만들어보세요. 3단으로 만들어 공간 활용도를 높이고 철망으로 뚜껑을 달아 재료의 신선도를 유지할 수 있어요. 주부들의 사랑을 듬뿍 받을 똘똘한 주방 가구가 될 거라 확신해요.

이렇게 만들어요

1 삼나무 판자 소재의 공간 박스 3개를 준비한다.

2 각 공간 박스의 옆면마다 대각선을 그린다.

3 공간 박스에 박혀 있던 나사못을 빼고 공간 박스를 분해한다.

4 대각선을 따라 톱질하여 잘라내고 정면 부분은 반으로 재단한다.

5 재단한 나무를 공간 박스 원래 모양대로 조립한다.

6 ⑤의 윗면에 정면 부분을 재단하고 남은 나무판을 붙인다.

7 30×5cm의 삼나무 판자(두께 1.2cm) 2장과 14×5cm의 삼나무 판자(두께 1.2cm) 2장으로 문틀 1개를 만든다. 같은 방법으로 문틀 2개를 더 만든다.

8 문틀 뒷부분에 철망을 대고 태커로 고정한다.

  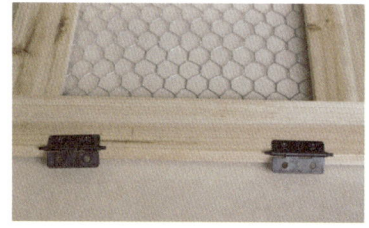

9 108×7cm의 삼나무 판자(두께 2.4cm)와 120×7cm의 삼나무 판자(두께 2.4cm) 위에 ⑥의 공간 박스를 옆으로 눕혀 적당한 간격으로 붙이고, 반대쪽 측면에도 마찬가지로 108×7cm의 삼나무 판자(두께 2.4cm)와 120×7cm의 삼나무 판자(두께 2.4cm)를 대고 못으로 고정한다.

10 바니시를 칠하여 마감한다.

11 문의 한쪽에 일반 경첩을 2개씩 대고 나사못으로 고정한다.

12 본체에 문을 올려놓고 경첩으로 연결하여 완성한다.

> 보관함의 문은 본체보다 조금 작게 만드세요. 자칫 사이즈가 너무 꼭 맞아 문이 잘 열리지 않을 수도 있어요.

Plus Item
자투리 나무로 만든 소품

센스가 넘치는 철망 메모판

요리 레시피에서부터 가족사진, 이런저런 메모들까지, 냉장고에 덕지덕지 붙어 있는 소품들을 깔끔하게 정리할 수 있는 철망 메모판을 만들어보세요. 사진이나 메모를 작은 나무집게로 집어서 걸어주면 센스 넘치는 근사한 인테리어 소품이 완성되지요.

 삼나무 판재(두께 1.2cm) 30×3cm 4장, 액자 고리 2개, 나무집게 여러 개, 철망, 접착제, 나사못 2개, 태커, 바니시

1 30×3cm의 삼나무 판자(두께 1.2cm) 4장을 사각 틀이 되도록 접착제로 이어 붙인다.

2 바니시를 칠하여 마감한다.

3 철망을 사각 틀 뒷부분에 대고 태커로 고정한다.

4 사각 틀 뒷부분 위쪽에 액자 고리 2개를 대고 나사못으로 고정한다.

5 나무집게를 철망 위에 꽂는다.

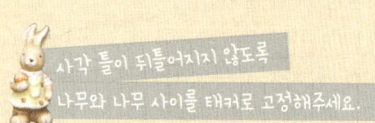
사각 틀이 뒤틀어지지 않도록 나무와 나무 사이를 태커로 고정해주세요.

철망 메모판 완성!

이동과 수납이 자유로운 트레이

향긋한 차와 맛있는 디저트를 즐기는 티타임. 깜찍한 트레이가 있다면 더욱 즐거워지겠지요? 집에 놀러온 손님을 대접할 때나 아이들과 함께 간단한 간식을 먹을 때 사용해도 좋아요. 트레이 위에 손잡이를 달면 사용하기에도 편리해요. 접합 부분에 꼼꼼하게 못을 박으면 더욱 튼튼하게 만들 수 있답니다.

1 30×5cm의 삼나무 판자(두께 1.2cm) 2장과 18×5cm의 삼나무 판자(두께 1.2cm) 2장을 사각 틀이 되도록 접착제로 이어 붙인다.

2 사각 틀 바닥이 될 부분에 돌아가며 접착제를 바르고 30×20cm의 미송 합판(두께 0.48cm)을 붙인다.

3 18×5cm의 삼나무 판자(두께 1.2cm) 3장을 이어 손잡이를 만든다.

4 손잡이를 사각 틀 안쪽에 붙인다.

5 바니시를 칠하여 마감한다.

트레이 완성!

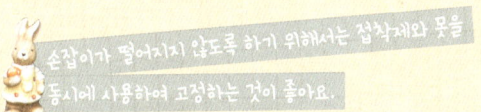

손잡이가 떨어지지 않도록 하기 위해서는 접착제와 못을 동시에 사용하여 고정하는 것이 좋아요.

각종 물건을 정리하기 쉬운 다용도걸이

소소하고 다양한 물건들이 많이 돌아다니는 곳이 주방이죠. 크지도 않으면서 용도는 제각각이라 일일이 정리하려면 번거롭고 신경 쓰이지요. 이럴 때 필요한 게 다용도걸이예요. 만드는 방법이 어렵지 않으니 간단히 만들어 주방 벽에 부착해두고 조리 도구나 행주 등을 걸어두면 간편하고 깔끔한 주방으로 변신할 거예요.

 삼나무 판재(두께 1.2cm) 50×10cm 1장, 걸이 6개, 액자 고리 2개, 나사못 14개, 바니시

 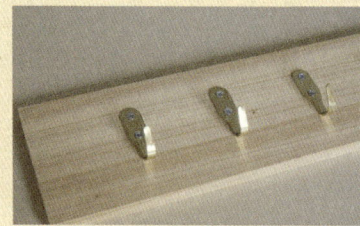 

1 50×10cm의 삼나무 판자(두께 1.2cm)에 바니시를 칠하여 마감한다.

2 ①에 걸이 6개를 같은 간격으로 대고 나사못으로 고정한다.

3 뒷부분에 액자 고리 2개를 대고 나사못으로 고정한다.

다용도걸이 완성!

※망치, 니퍼, 드라이버 등의 기본 공구와 붓은 작품별 재료 소개란에 별도 표기하지 않았습니다.

보통은 작은방을 서재로 사용하게 됩니다. 공간이 넓지 않기 때문에 책장과 책상을 들여놓으면 꽉 차게 되는 경우가 많아요. 게다 컴퓨터 책상까지 놓으려면 자리가 턱없이 부족하지요. 이럴 땐 컴퓨터·책상 겸용으로 사용할, 실용적인 사이즈의 책상을 만들어보세요. 언제든 이동 · 변형이 가능한 책장도 필요하지요.

Space 05

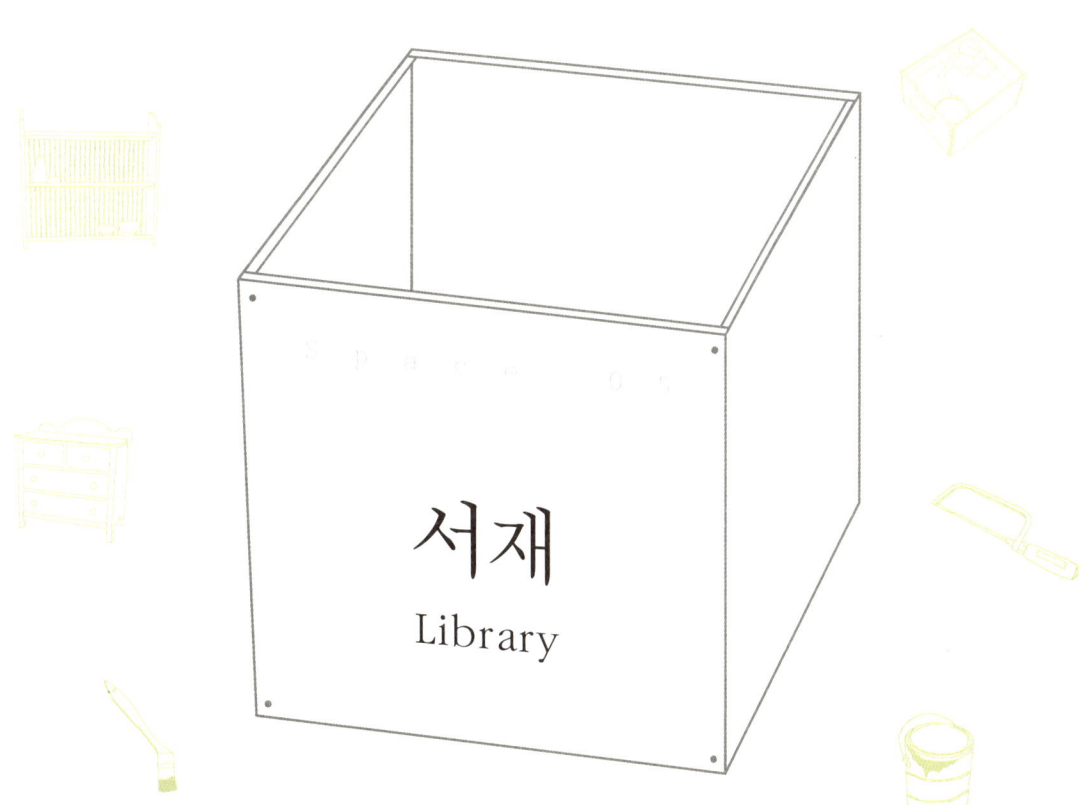

서재

Library

원하는 크기대로 만드는 책장

난도 ★☆☆☆☆

큼지막한 디자인 서적도, 손바닥만 한 만화책도 한꺼번에 정리할 수 있는 책장을 만들어보세요. 공간 박스를 이용하면 원하는 크기만큼 쌓아서 나만의 책상을 만들 수 있어요. 나무판과 공간 박스를 차례로 쌓기만 하면 되니 만드는 법도 간단하고, 나중에 분해와 재조립까지 가능해 더욱 실용적인 책장이랍니다.

1 삼나무 판자 소재의 공간 박스 8개를 준비한다.

2 2개의 공간 박스 한 면에 접착제를 바른다.

3 접착제 바른 부분에 다른 공간 박스를 붙여 2칸짜리 박스 2세트를 만든다.

4 150×24cm의 삼나무 판자(두께 1.8cm) 1장의 네 모서리와 중간 부분에 5×5cm의 삼나무 판자(두께 2.4cm) 6장을 붙여 다리를 만든다.

5 물을 적신 스펀지에 페인트를 묻혀 박스 표면을 칠한다.

6 바니시를 칠하여 마감한다.

7 ④ 위의 양쪽 끝에 ③을 각각 올린다.

8 그 위에 150×24cm의 삼나무 판자(두께 1.8cm) 1장, 공간 박스 2개, 150×24cm 크기의 삼나무 판자(두께 1.8cm) 1장, 다시 공간 박스 2개 순으로 쌓아 올려 완성한다.

너무 얇은 판자는 책을 올려놓았을 때 아래로 휘게 되므로 두께 1.8cm 이상의 두꺼운 판자를 사용해야 합니다.

데스크톱에도, 노트북에도 딱 맞는 컴퓨터 책상

난도 ★★★☆☆

요즘은 가정마다 컴퓨터가 한 대 이상 있다 보니 식탁이나 거실 테이블에서 컴퓨터를 사용하게 되는 경우도 많아요. 서랍에 레일을 달고 데스크톱 컴퓨터는 물론 노트북에도 쓸 수 있는 컴퓨터 책상을 만들어보세요. 서랍에 키보드와 마우스를 정리할 수 있어서 서재가 더욱 깔끔해진답니다.

이렇게 만들어요

1 MDF 판자 소재의 공간 박스 4개를 준비한다.

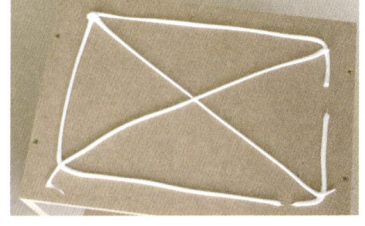
2 2개의 공간 박스 한 면에 접착제를 바른다.

3 접착제 바른 부분에 다른 공간 박스를 붙여 2칸짜리 박스 2세트를 만든다.

4 2칸짜리 박스 양옆의 표면에 젯소를 칠하고 3시간 이상 말린다.

5 젯소가 마르면 페인트를 얇게 칠하고 다시 말린다. 이 과정을 2~3회 반복한다.

6 68.6×34cm의 삼나무 판자(두께 1.2cm) 2장에 각각 손잡이를 붙인다.

7 바니시를 칠하여 마감한다.

8 공간 박스의 뚫린 부분에 손잡이 붙인 문을 대고 무보링 경첩으로 연결한다.

9 공간 박스를 길게 세워 옆 부분에 서랍 레일 세트 중 본체를 대고 나사못으로 고정한다.

10 67.4×24cm의 삼나무 판자(두께 1.2cm) 양옆에 서랍 레일 세트 중 안쪽 바(bar)를 대고 나사못으로 고정한다.

11 ⑩의 서랍 레일 안쪽 바를 ⑨의 서랍 레일 본체에 끼운다.

12 공간 박스 위에 139×25cm의 삼나무 판자(두께 1.8cm)를 상판으로 올리고 접착제로 고정하여 완성한다.

> 서랍 레일 세트를 끼울 때는 잘 맞춰 넣도록 하고 뺄 때는 앞쪽 투명한 플라스틱을 위로 올려주세요.

서재의 필수 아이템, 파일 박스

난도 ★☆☆☆☆

서재의 필수 아이템, 수많은 서류와 책들을 깔끔하게 정리할 수 있는 파일 박스를 만들어보세요. 굳이 원목을 재단하지 않아도 공간 박스 하나만 있으면 깔끔한 서재가 완성됩니다. 여러 개 만들어두면 정리정돈에 크게 도움이 될 거예요. 측면을 대각선으로 재단하면 서류 찾기가 더욱 편리하지요.

 삼나무 판자 소재 공간 박스 1개, 명찰 틀 2개, 못 4개, 톱 또는 조립탁상톱, 바니시

 이렇게 만들어요

1 삼나무 판자 소재 공간 박스 1개를 준비한다.

2 공간 박스 양쪽 면에 대각선을 그린다.

3 공간 박스에 박혀 있던 나사못을 빼고 공간 박스를 분해한다.

4 대각선을 따라 톱질하여 잘라내고 정면 부분은 반으로 재단한다.

5 재단한 나무를 원래의 공간 박스 모양으로 조립한다.

6 ⑤의 박스 가운데에 정면을 재단하고 남은 ④의 삼각형 나무판을 붙여 칸막이를 만든다.

7 바니시를 칠하여 마감한다.

8 앞부분에 못을 박고 명찰 틀을 달아 완성한다.

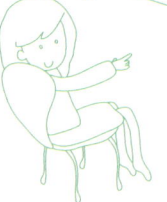

공간 박스를 분해하고 다시 조립할 때 순서를 잊지 않도록 번호를 써두면 편리합니다.

여기는 내 책상! 깜찍한 명함꽂이

소가구를 제작하고 남은 자투리 삼나무 판자에 와이어를 꽂으면 근사한 명함꽂이가 만들어지지요. 여기에 명함은 물론이고 중요한 메모나 사진을 끼워두면 심심하던 책상 위에 활기가 돈답니다. 작은 아이디어 하나로 상큼하게 기분을 전환시킬 수 있는 아이디어예요.

1 50×10cm의 삼나무 판자(두께 1.2cm)에 구멍을 뚫은 뒤 바니시를 칠하여 마감한다.

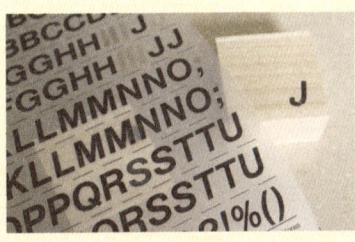

2 삼나무 판자 앞부분에 레터링 필름을 대고 뾰족한 것으로 긁어 문자를 새긴다.

3 바니시를 칠하여 마감한다.

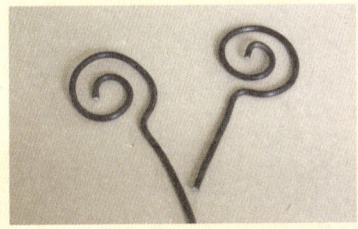

4 와이어(지름 0.3cm)의 한쪽을 명함이나 메모를 끼울 수 있도록 둥글게 만다.

5 와이어를 ①의 구멍에 꽂는다.

명함꽂이 완성!

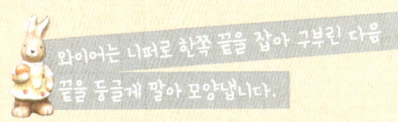

와이어는 니퍼로 한쪽 끝을 잡아 구부린 다음 끝을 둥글게 말아 모양냅니다.

Library _ 141

책상 위를 깔끔하게 정리해주는 연필꽂이

책상 위가 깔끔하면 공부도 하고 싶고, 무언가 끼적거리고 싶어지지요? 삼나무 판자로 책상 위에 꼭 필요한 연필꽂이를 만들어보세요. 클립이나 지우개 등을 보관할 수 있도록 간장 종지를 옆에 붙이면 활용도가 더욱 높아집니다. 오늘은 잘 정리된 책상 위에서 일기를 쓰고 싶을지도 몰라요.

삼나무 판자(두께 1.2cm) 20×10cm 1장, 삼나무 판자(두께 1.2cm) 10×7.6cm 4장, 양념 종지, 종이 라벨, 접착제, 바니시

1 10×7.6cm의 삼나무 판자(두께 1.2cm) 4장을 사각 틀이 되도록 접착제로 이어 붙인다.

2 20×10cm의 삼나무 판자(두께 1.2cm) 위에 ①을 붙인다.

3 사각 틀 앞에 종이 라벨을 붙여서 꾸민다.

4 바니시를 칠하여 마감한다.

5 사각 틀 옆에 접착제로 간장 종지를 붙인다.

연필꽂이 완성!

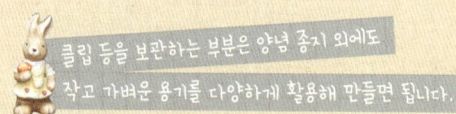

클립 등을 보관하는 부분은 양념 종지 외에도 작고 가벼운 용기를 다양하게 활용해 만들면 됩니다.

메모 보드나 인테리어 소품으로 활용하는 칠판

칠판 페인트만 있으면 집에서도 쉽게 만들 수 있는 미니 칠판은 인테리어 소품으로도 그만이에요. 아이들처럼 낙서하며 메모를 하다 보면 학창 시절의 추억이 하나둘씩 되살아난답니다. 원하는 크기로 자유롭게 만들어보세요. 참, 분필로 쉽게 쓰고 지우려면 사포질을 열심히 해야 한다는 걸 기억하세요.

1 34×3cm의 삼나무 판자(두께 1.2cm) 2장과 30×3cm의 삼나무 판자(두께 1.2cm) 2장을 사각 틀이 되도록 접착제로 이어 붙인 뒤, 틀 한 면의 안에 30×5cm의 삼나무 판자를 세워 접착제로 붙인다.

2 바니시를 칠하여 마감한다.

3 33×30cm의 MDF 판자(두께 0.3cm) 표면에 젯소를 칠하고 3시간 이상 말린다.

4 젯소가 마르면 칠판 페인트를 얇게 칠하고 다시 말린다.

5 칠판 페인트 칠한 곳을 사포로 문질러 부드럽게 만든다. 칠판 페인트를 칠해서 말리고 사포로 정리하는 과정을 2~3회 반복한다.

6 ②의 사각 틀에서 뒷면에 해당하는 부분에 ⑤의 판을 접착제로 붙인다.

7 뒷부분에 액자 고리를 대고 나사못으로 고정한다.

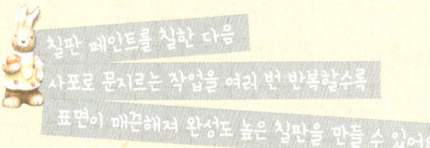

※ 망치, 니퍼, 드라이버 등의 기본 공구와 붓은 작품별 재료 소개란에 별도 표기하지 않았습니다.

태어난 아기를 생각하며 엄마는 부푼 꿈을 꿉니다. 좋은 음악을 듣고 태어나자마자 엄마가 읽은 책 이야기를 만나지요. 아기 방을 꾸며봤나요? 책으로 내 아기가 잠든 침대를 엄마가 직접 만들어준다면 이보다 더 소중한 선물은 없을 거예요. 쟁기보다 많은 아기 물건들을 보관할 수납 장도 예쁘게 만들어보지요.

아기 방
Baby's Room

엄마가 직접 만드는 출산 준비물, 아기 침대

난도 ★★★★★

조카에게 선물해서 크게 환영받았던 가구예요. 아기가 많은 시간을 보내는 공간인 만큼 친환경 원목 소재를 사용하고, 튼튼함과 실용성을 우선 고려해야겠지요. 침대 아래에 수납공간을 만들어 아기 물품을 정리할 수도 있고, 아기가 자라면 옆 틀을 떼어내고 소파로 사용할 수도 있는 똑똑한 가구입니다.

이렇게 만들어요

1 삼나무 판자 소재의 공간 박스 8개를 준비한다.

2 4개의 공간 박스 한 면에 접착제를 바른다.

3 접착제 바른 박스와 바르지 않은 박스를 교대로 4개씩 이어 붙여 2개로 만든다.

4 이어 붙인 박스마다 150×32.3cm의 삼나무 판자(두께 1.2cm)를 무보링 경첩으로 연결해 문을 만든다.

5 문을 달았으면 경첩이 달린 옆면끼리 붙여서 하나로 만든다. 이렇게 되면 문은 위쪽으로 열린다.

6 64.6×60cm의 삼나무 판자(두께 1.8cm) 2장을 각각 본체 양옆에 붙인다.

7 드릴을 이용해 24cm의 나무 봉(지름 1.5cm)에 지름 0.6cm 크기의 구멍을 뚫는다.

8 150×5cm의 삼나무 판자(두께 2.4cm) 4장에 각각 나무 봉을 연결할 구멍 11개를 뚫는다. 이때 간격은 일정하게 맞추고 지름은 0.6cm로 한다.

9 ⑧의 구멍 안에 접착제를 바른다.

10 ⑨의 구멍에 나무못을 박고 나무 봉을 연결한다.

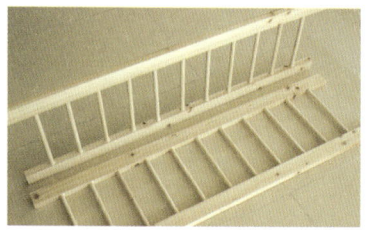
11 삼나무 판자에 나무 봉을 모두 연결하여 사다리 모양의 침대 옆 틀 2개를 만든다.

12 바니시를 칠하여 마감한다.

13 침대 옆 틀 중 한쪽에 일반 경첩을 2개씩 대고 나사못으로 고정한다.

14 침대 본체에 옆 틀을 세워놓고 일반 경첩으로 연결한다.

15 침대 옆 틀의 끝부분마다 문 개폐기를 대고 나사못으로 고정한다.

16 문 개폐기를 닫을 때 철심이 들어가는 곳에 드릴로 구멍을 뚫어 완성한다.

> 침대 옆 틀을 만들 때는 반드시 목다보(나무못)를 이용해 튼튼하게 조립하도록 하세요. 목다보는 나무에 구멍을 뚫고 구멍에 꼭 맞게 끼워 넣어 고정해주므로 다른 못을 박아 고정하는 것보다 더 튼튼하고 보기에도 깔끔하지요.

자투리 나무가 있으면
하트, 별, 달 모양의
장식을 만들어
침대에 붙여보세요~!

페인트를 칠해 접착제로 붙인다!

잡동사니를 수납하는 바구니 장

난도 ★☆☆☆☆

아기가 태어나는 순간부터 아기 방은 온갖 아기 물건으로 가득 차지요. 이 물건들을 효율적으로 보관하고 편리하게 꺼내 쓸 수 있는 간단한 방법이 있어요. 바로, 공간 박스끼리 붙여 틀을 만들고 여기에 서랍 대신 바구니를 끼워 사용하는 거예요. 원단 씌운 바구니를 이용하면 아기 옷이 상하거나 바구니 틈새에 작은 물건이 끼는 것을 방지할 수 있지요.

삼나무 판자 소재 공간 박스 4개, 삼나무 판자(64×26cm, 두께 2.4cm) 1장, 바구니 4개, 접착제, 못, 망치, 바니시, 붓 준비하세요.

이렇게 만들어요

1 삼나무 판자 소재의 공간 박스 4개를 준비한다.

2 2개의 공간 박스 한 면에 접착제를 바른다. 서로 맞붙는 두 면 중 한 면에만 바르면 된다.

3 공간 박스 4개를 이어 붙여 하나로 만든다.

4 ③ 위에 64×26cm의 삼나무 판자(두께 2.4cm)를 올려 접착제나 못으로 고정한다.

5 바니시를 칠하여 마무리한다.

6 바구니를 공간 박스의 각 칸에 넣어 완성한다.

수레처럼 끌고 다니는 토이 박스

장난감이나 책을 집어넣고 아이가 직접 끌고 다닐 수 있는 토이 박스를 만들어보세요. 이것저것 부담 없이 수납할 수 있도록 넓찍하게 만들고, 끌 수 있도록 바퀴와 줄을 달아주세요. 날카로운 모서리에는 모서리 보호 패드를 붙여주고 친환경 페인트를 칠해야지요. 여닫다 손을 다칠 수 있으니 뚜껑이 천천히 닫히도록 하는 수대를 연결하는 것도 잊지 마세요.

난도 ★★☆☆☆

삼나무 판자 소재 공간 박스 2개, 삼나무 판재(두께 1.2cm) 60×32.3cm 1장, 삼나무 판재(두께 2.4cm) 5×5cm 4장, 줄, 경첩 2개, 바퀴 4개, 수대 1개, 면 끈치료 1cm×200cm×100cm, 나사못 12개, 접착제, 페인트(노란색, 오렌지색), 스펀지, 바니시

이렇게 만들어요

1 삼나무 판자 소재의 공간 박스 2개를 준비한다.

2 1개의 공간 박스 한 면에 접착제를 바른다.

3 접착제 바른 면에 다른 공간 박스를 붙여 하나로 만든다.

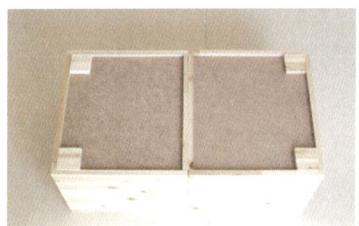

4 공간 박스 아랫부분의 각 모서리에 5×5cm의 삼나무 판자(두께 2.4cm) 4장을 접착제로 붙인다.

5 물을 적신 스펀지에 페인트를 묻혀 본체와 뚜껑이 될 상판 표면을 각각 다른 색으로 칠한다.

6 바니시를 칠하여 마감한다.

7 뚜껑으로 사용할 60×32.3cm의 삼나무 판자(두께 1.2cm) 한쪽 면 모서리 안쪽에 일반 경첩을 각각 2개씩 대고 나사못으로 고정한다.

8 ⑦의 경첩을 이용해 본체와 뚜껑을 연결한다.

9 드릴을 이용해 뚜껑에 구멍을 2개 뚫어 끈 끼울 자리를 만든다.

10 ⑨의 구멍에 굵은 면 끈을 넣고 안쪽에서 매듭지어 뚜껑 손잡이를 만든다.

11 문이 천천히 닫히도록 하는 수데를 뚜껑과 본체 사이에 연결한다.

12 ④에서 붙여놓은 나무판에 바퀴를 대고 나사못으로 고정한다.

13 드릴을 이용해 공간 박스 옆부분에 구멍을 뚫는다.

14 구멍 안으로 긴 면 끈을 넣어 늘어뜨린 뒤 안쪽에서 매듭지어 완성한다.

면 끈을 구멍 안으로 집어넣을 때는 끈 끝부분을 셀로판테이프로 감아 뾰족하게 만들면 쉽게 넣을 수 있어요.

Plus Item
자투리 나무로 만든 소품

간단하게 만들어 설치하는 일자 선반

아기 방에 일자 선반을 달아 귀여운 인형이나 장식품, 아기 사진 등을 올려놓을 선반으로 사용해보세요. 아기가 일어서고 나면 손에 닿는 것은 뭐든지 만지려고 하니 아기 손이 닿지 않는 높이에 걸어두는 것이 안전하겠죠? 아기 방에 어울리는 예쁜 친환경 페인트로 컬러도 입혀보세요.

 삼나무 판재(두께 1.2cm) 40×10cm 1장, 삼나무 판재(두께 1.2cm) 30×5cm 1장, 삼각형 나무 팩삼나무 판자 자투리(채소 보관함 만들고 남은 것, 두께 1.2cm) 2장, 액자 고리 2개, 톱 또는 줄톱(요술톱), 접착제, 나사못 2개, 바니시

1 삼각형 나무판 2장의 뾰족한 부분을 톱으로 잘라준다.

2 30×5cm의 삼나무 판자(두께 1.2cm) 옆에 ①에서 자른 사각형 나무판을 대고 접착제로 붙인다.

3 ②의 윗부분에 40×10cm의 삼나무 판자(두께 1.2cm)를 대고 접착제로 붙여 물건 올려놓을 부분을 만든다.

4 바니시를 칠하여 마감한다.

5 뒷부분 양쪽에 각각 액자 고리를 대고 나사못으로 고정한다.

선반 완성!

심심한 벽에 재미 주기!
스위치 커버

집집마다 비슷비슷한 모양의 스위치 위에 커버를 씌워 심심한 벽에 디자인적인 요소를 더해보세요. 특히 아기 방에 사용하면 호기심 많은 아기가 스위치를 켰다 껐다 하는 것도 방지할 수 있어요. 커버 위에 데코 스티커 등을 붙여 방 분위기에 맞게 꾸며도 좋아요.

1 14×3cm의 삼나무 판자(두께 1.2cm) 2장과 12×3cm의 삼나무 판자(두께 1.2cm) 2장을 사각 틀이 되도록 접착제로 이어 붙인다.

2 13.5×9cm의 삼나무 판자 앞면에 1.5cm의 나무 봉을 접착제로 붙여 손잡이를 만든다.

3 바니시를 칠하여 마감한다.

4 스위치 커버 본체와 문에 미니 경첩을 대고 나사못으로 연결한다.

5 뒷부분 가장자리에 양면테이프를 붙인다. 양면테이프를 떼어내고 스위치를 덮을 위치에 붙인다.

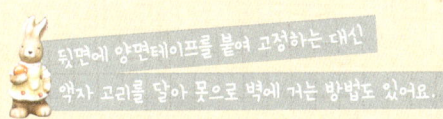

뒷면에 양면테이프를 붙여 고정하는 대신 액자 고리를 달아 못으로 벽에 거는 방법도 있어요.

스위치 커버 완성!

공간 박스로 가구 만들기

초판 1쇄 발행 2012년 3월 29일
초판 3쇄 발행 2014년 4월 30일

지은이 장지수

발행인 양원석
편집장 김옥현

교정·교열 염현정
사진 선우형준 **어시스턴트** 배지은
스타일링 최성미
장소 협조 집을 그리다
해외저작권 황지현, 지소연
제작 문태일, 김수진
영업마케팅 김경만, 정재만, 곽희은, 임충진, 김민수, 장현기, 임우열
  송기현, 우지연, 정미진, 윤선미, 이선미, 최경민

펴낸 곳 ㈜알에이치코리아
주소 서울시 금천구 가산디지털2로 53, 20층 (가산동, 한라시그마밸리)
편집문의 02-6443-8860 **구입문의** 02-6443-8838
홈페이지 http://rhk.co.kr
등록 2004년 1월 15일 제2-3726호
ISBN 978-89-255-4655-1 13590

※ 이 책은 ㈜알에이치코리아가 저작권자와의 계약에 따라 발행한 것이므로
  본사의 서면 허락 없이는 어떠한 형태나 수단으로도 이 책의 내용을 이용하지 못합니다.
※ 잘못된 책은 구입하신 서점에서 바꾸어 드립니다.
※ 책값은 뒤표지에 있습니다.

RHK 는 랜덤하우스코리아의 새 이름입니다.